सरकार को पत्र

वे सुधार जो अब और प्रतीक्षा नहीं कर सकते

प्रतीक सिंह

notionpress.com

INDIA · SINGAPORE · MALAYSIA

ISBN

Paperback 979-8-90269-712-1

Hardcase 979-8-90431-336-4

समर्पण

मैं इस पत्र-संग्रह को उन सभी स्वतंत्रता सेनानियों को समर्पित करना चाहता हूँ, जिन्होंने अकल्पनीय कष्ट सहे, बलिदान दिए, और जिनमें से अनेकों ने हमारी स्वतंत्रता के लिए अपना जीवन तक न्योछावर कर दिया।

मैं अपने स्वर्गीय माता-पिता का विशेष उल्लेख करना चाहता हूँ – मैं आज जो कुछ भी हूँ, वह उन्हीं की देन है। मेरा देश के प्रति प्रेम, और यह संरचना लिखने का साहस – सब उन्हीं से प्रेरित है। साथ ही, मैं अपनी पत्नी और बच्चों का हृदय से आभार व्यक्त करता हूँ, जिन्होंने इस प्रयास में हर कदम पर मेरा साथ और समर्थन दिया।

अंतर्वस्तु

प्रस्तावना

क्या मैं इतना बुद्धिमान या अनुभवी हूँ कि सरकार को सुधारों के विषय में सुझाव दे सकूँ? सरकार में तो पहले से ही मुझसे कहीं अधिक बुद्धिमान और योग्य व्यक्ति हैं – क्या उन्हें मुझसे बेहतर नहीं पता होगा कि क्या करना चाहिए?

ऐसे प्रश्न इस पत्र-संग्रह को पढ़ने वाले किसी भी व्यक्ति के मन में आ सकते हैं – और ये प्रश्न मेरे मन में भी आए थे। लेकिन यदि आप ध्यान से देखें, तो जिन मुद्दों को मैंने उठाया है और जिन समाधानों का सुझाव दिया है – उनमें कुछ भी नया या अद्भुत नहीं है। मैंने कोई नई खोज नहीं की, न कोई ऐसा समाधान प्रस्तुत किया है जिसके बारे में किसी ने कभी सोचा न हो। इन बातों को बहुत से नागरिक और सरकारी तंत्र से जुड़े लोग पहले से जानते हैं। मैंने केवल इतना किया है कि इन मुद्दों और उनके संभावित समाधानों को व्यवस्थित ढंग से प्रस्तुत किया है।

जहाँ तक सुझाए गए समाधानों की बात है, कुछ लोगों को वे अव्यावहारिक (Impractical) लग सकते हैं, या ऐसा लग सकता है कि कुछ बातें पहले से लागू हैं, या उनके पास उससे बेहतर सुझाव हो सकते हैं।

व्यावहारिक या अव्यावहारिक होना एक व्यक्तिनिष्ठ (subjective) बात है, जो व्यक्ति के अनुभवों और दृष्टि-कोण पर निर्भर करती है। एक ही विचार कुछ लोगों को उपयुक्त समाधान लग सकता है, जबकि अन्य लोगों को वह अव्यावहारिक प्रतीत हो सकता है। यदि कोई समाधान अपेक्षित परिणाम नहीं दे रहा, तो हो सकता है कि दोष समाधान का नहीं बल्कि उसके क्रियान्वयन (Execution) का हो। और यदि बेहतर समाधान उपलब्ध हैं, तो हमें अवश्य उन्हें अपनाना चाहिए – यही इन पत्रों का उद्देश्य है – संवाद और विचार-विमर्श की शुरुआत करना। परंतु, कोई कार्रवाई न करना या निर्णय लेने में अत्यधिक समय लगाना स्वीकार्य नहीं हो सकता – क्योंकि हम पहले ही एक पीढ़ी की देरी कर चुके हैं। हम अपने देश की वर्तमान व्यवस्था को इसकी खामियों सहित भविष्य की पीढ़ियों के लिए विरासत में नहीं छोड़ सकते।

आप यह भी देखेंगे कि मैंने कहीं भी बेईमान लोगों को दंडित करने (Prosecution) की बात नहीं की है। मेरा दृष्टिकोण प्रणाली को सुधारने (System Improvement) का है – हमारी ऊर्जा और समय दोष ढूँढ़ने में नहीं, बल्कि समाधान खोजने और व्यवस्था सुधारने में लगना चाहिए।

मैं भले ही एक तीसरी दुनिया के देश में जन्मा हूँ, पर मेरा संकल्प है कि अपने जीवनकाल में मैं इस देश को एक विकसित राष्ट्र के रूप में खड़ा देख सकूँ।

इस पुस्तक का प्रारूप इस उद्देश्य से तैयार किया गया है कि यदि पाठक किसी सुझाव से सहमत हों, तो वे संबंधित पत्र को यथावत् कॉपी कर, अपना विवरण अंकित कर, हस्ताक्षर सहित उसे केंद्र या राज्य सरकार के नेतृत्व को प्रेषित कर सकें।

जय हिन्द

२ सर्वाधिक महत्वपूर्ण

यदि मुझे सभी उल्लिखित सुधारों में से केवल दो चुनने हों, तो मैं निम्नलिखित दो सुधारों का चयन करूँगा

पहला सुधार, यदि उसे सही भावना और मंशा के साथ लागू किया जाए, तो यह नागरिकों को प्रभावित करने वाली अधिकांश–यदि सभी नहीं–मुख्य समस्याओं का समाधान कर सकता है। यह सुधार सभी नागरिक-केन्द्रित प्रक्रियाओं की समीक्षा नागरिक सशक्तिकरण के दृष्टिकोण से करने की बात करता है।

दूसरे सुधार को मैंने इसलिए सबसे महत्वपूर्ण में शामिल किया है क्योंकि यह देश के प्रति भावनाओं, गर्व और प्रेम को प्रोत्साहित करेगा। यह हमें समय-समय पर हमारे स्वतंत्रता सेनानियों के बलिदानों की याद दिलाएगा, और इस प्रकार हमें यह भी महसूस कराएगा कि राष्ट्र के निर्माण में हमारा भी योगदान आवश्यक है।

विषय: नागरिकों से जुड़ी प्रक्रियाओं में भ्रष्टाचार सूचकांक आधारित सुधार।

माननीय महोदय/महोदया,

नागरिकों से प्रत्यक्ष रूप से संबंधित अनेक प्रक्रियाएँ जैसे - प्रदूषण प्रमाणपत्र, अग्निशमन प्रमाणपत्र, नगर निगम द्वारा गृहकर निर्धारण आदि, अक्सर भ्रष्टाचार की शिकायतों से जुड़ी रहती हैं। इन प्रक्रियाओं की पारदर्शिता और दक्षता नागरिकों के जीवन की गुणवत्ता को सीधे प्रभावित करती है।

- इन प्रक्रियाओं में पारदर्शिता की कमी के कारण नागरिकों को अनावश्यक धन और समय खर्च करना पड़ता है।
- शिकायतों से स्पष्ट है कि कई स्थानों पर इन सेवाओं को प्राप्त करने के लिए धन का अवैध लेन-देन का होना संभव है।
- नागरिकों के अधिकारों की रक्षा और शासन एव सरकार की विश्वसनीयता बनाए रखने हेतु एक वैज्ञानिक प्रणाली की आवश्यकता है।

अतः आपसे निवेदन है कि

1. **भ्रष्टाचार सूचकांक (Corruption Index) लागू किया जाए**
   - सभी नागरिक-केंद्रित प्रक्रियाओं को 0 से 10 तक के भ्रष्टाचार सूचकांक पर मूल्यांकित किया जाए।
2. **यह मूल्यांकन निम्न तरीकों से किया जा सकता है:**

- **निर्णय प्रक्रिया** - क्या निर्णय अक्सर केवल अधिकारी के विवेकाधिकार पर आधारित होते हैं, न कि किसी स्वचालित, अंकों पर आधारित विधि या किसी स्व-तंत्र संगठन/विभाग की रिपोर्ट या सुझाव पर? यदि कार्यपालक अभियंता (Executive Engineer) किसी कनिष्ठ अभियंता (Junior Engineer) से रिपोर्ट मांगता है, तो उसे स्वतंत्र रिपोर्ट नहीं माना जा सकता। **उदाहरण के लिए,** लाइसेंस या एनओसी (NOC) जारी करने जैसे मामलों में यह स्पष्ट रूप से देखा जा सकता है।
- **समय सीमा का अभाव** - क्या किसी भी निर्णय के लिए कोई निश्चित समय सीमा निर्धारित नहीं है, जिसके कारण अधिकारी अपनी सुविधा अनुसार निर्णय लेने में विलंब कर सकते हैं (जैसे निविदा पूर्णता प्रमाणपत्र, भुगतान आदि)?

- **अनेक स्वीकृतियाँ** - क्या प्रक्रियाओं में अनेक अधिकारियों या विभागों से स्वीकृति लेनी होती है? क्या एक ही विभाग के विभिन्न अधिकारियों से भी अलग-अलग स्वीकृति लेनी पड़ती है?
- **पुरानी नीतियाँ लागू करना** - क्या सक्षम प्राधिकारी अक्सर पुरानी और अप्रासंगिक नीतियों को लागू करने पर जोर देते हैं, जबकि सुधार या नई नीतियों को अपनाने की आवश्यकता होती है?
- **नियमित समीक्षा का अभाव** - क्या नीतियों और प्रक्रियाओं की नियमित समीक्षा नहीं की जाती, और स्थानीय निकायों जैसे उद्यमी संघ, उद्योग विशेषज्ञ आदि को समीक्षा प्रक्रिया में शामिल नहीं किया जाता?
- **शिकायतों का समयबद्ध निस्तारण नहीं** - क्या पर्यवेक्षण अधिकारी द्वारा शिकायतों का निस्तारण समयबद्ध तरीके से नहीं किया जाता?

उपरोक्त के साथ-साथ **जन सर्वेक्षण, विशेषज्ञ राय, सामान्य शिकायतें, और स्वतंत्र एजेंसियों द्वारा ऑडिट** का उपयोग भी मूल्यांकन के लिए किया जा सकता है।

3. उच्च सूचकांक वाले विभागों/प्रक्रियाओं में सुधार

- जिन प्रक्रियाओं में भ्रष्टाचार सूचकांक अधिक पाया जाए, उन्हें प्राथमिकता से सुधारने हेतु विशेष कार्ययोजना बनाई जाए।

- इन प्रक्रियाओं में डिजिटलाइजेशन, समयबद्ध सेवा की गारंटी, और तृतीय पक्ष निगरानी को अनिवार्य किया जाए।

4. **नागरिकों के अधिकारों का विस्तार**

    - उच्च भ्रष्टाचार सूचकांक वाली प्रक्रियाओं में नागरिकों को अधिक अधिकार दिए जाएँ।
    - उदाहरणस्वरूप, समय सीमा में सेवा न मिलने पर स्वतः अनुमोदन (Deemed Approval) का प्रावधान किया जाए।
    - सेवा में देरी पर नागरिकों को मुआवज़े का अधिकार मिले।

यदि सभी नागरिक सेवाओं के लिए भ्रष्टाचार सूचकांक लागू किया जाए और उच्च सूचकांक वाले विभागों/प्रक्रियाओं में सुधार कर नागरिकों को अधिक अधिकार दिए जाएँ, तो -

- शासन की पारदर्शिता एवं विश्वसनीयता में उल्लेखनीय वृद्धि होगी,
- नागरिकों का समय और धन बचेगा,
- और ईमानदार प्रशासन की छवि और मजबूत होगी।

सादर,

नाम: दिनांक:

फोन नंबर एव पता:

विषय: 15 अगस्त को "राष्ट्रीय उत्सव दिवस" घोषित किए जाने के संबंध में।

माननीय महोदय/महोदया,

भारत के नागरिक विभिन्न अवसरों पर अपने-अपने धर्म और परंपरा के अनुसार उत्सव, रोशनी, आतिशबाज़ी और आनंदोत्सव मनाते हैं। परंतु एक ऐसा दिन होना चाहिए जब पूरा राष्ट्र – धर्म, जाति और क्षेत्र से परे – एक साथ जश्न मनाए।

इस संदर्भ में मेरा निवेदन है कि 15 अगस्त को "राष्ट्रीय उत्सव दिवस (National Celebrations Day)" के रूप में घोषित किया जाए।

इस दिन को केवल झंडारोहण तक सीमित न रखा जाए, बल्कि इसे एक राष्ट्रव्यापी उत्सव के रूप में मनाया जाए, जहाँ –

- बच्चे और युवा झाँकियाँ व प्रदर्शन करें जो हमारे स्वतंत्रता सेनानियों की वीरता और बलिदान को दर्शाएँ,
- नागरिक अपने परिवारों और मित्रों के साथ देशभक्ति से भरे समारोहों में भाग लें,
- और शाम को ऐसा भव्य आतिशबाज़ी प्रदर्शन हो, जो पूरी दुनिया के लिए प्रेरणा बने।

इस पहल से न केवल नागरिकों में एकता और राष्ट्रीय गर्व की भावना बढ़ेगी, बल्कि आने वाली पीढ़ियाँ भी यह कभी नहीं भूलेंगी कि आज की आज़ादी किन त्यागों और संघर्षों से मिली है।

सादर,

नाम: दिनांक:

फोन नंबर एव पता:

जिला प्रशासन से संबंधित

जिला प्रशासन (District Administration) शासन व्यवस्था की सबसे महत्वपूर्ण कड़ी है। यह कार्यपालिका (Executive) का हिस्सा होते हुए केंद्र और राज्य सरकार तथा आम नागरिकों के बीच मुख्य सेतु (link) का कार्य करता है – यानी सरकार की नीतियाँ ज़मीन पर लागू करने और नागरिकों की समस्याओं का समाधान सुनिश्चित करने की ज़िम्मेदारी इसी तंत्र की होती है।

जिला प्रशासन सीधे तौर पर नागरिकों के जीवन को प्रभावित करता है, क्योंकि इसकी कार्यकुशलता और पारदर्शिता पर ही नागरिकों को मिलने वाली सुविधाएँ, न्याय और सेवाएँ निर्भर करती हैं। यदि प्रशासन सही ढंग से कार्य न करे, तो नागरिक अपने संविधान द्वारा प्रदत्त अधिकारों (Constitutional Rights) का प्रभावी रूप से उपयोग नहीं कर सकते।

विषय: निविदा प्रक्रिया (Tender Process) में पारदर्शिता, निष्पक्षता एवं जवाबदेही सुनिश्चित करने हेतु सुझाव।

माननीय महोदय/महोदया,

सरकारी निविदा प्रणाली (Government Tender System) देश के विकास कार्यों की रीढ़ है। परंतु वर्तमान में यह प्रणाली अनेक व्यवहारिक समस्याओं, भ्रष्टाचार, विलंब और उत्पीड़न से ग्रस्त है।

अक्सर यह सुनने में आता है कि सरकारी ठेकेदारों को भुगतान, स्वीकृति या कार्य पूर्णता प्रमाण पत्र (completion certificate) के लिए अनावश्यक कठिनाइयों का सामना करना पड़ता है।

कुछ मामलों में अधिकारियों के उत्पीड़न और भुगतान में देरी के कारण ठेकेदारों द्वारा अत्यंत दुखद आत्महत्याओं जैसी घटनाएँ भी सामने आई हैं।

यह स्थिति न केवल व्यवस्था की पारदर्शिता पर प्रश्न उठाती है, बल्कि यह भी दर्शाती है कि निविदा प्रक्रिया में तत्काल सुधार की आवश्यकता है।

1. ई-टेंडरिंग की सफलता और अगला कदम:

ई-टेंडरिंग (E-Tendering) नीति लागू होने से निविदा आवंटन (allotment) प्रक्रिया में उल्लेखनीय पारदर्शिता आई है।

अब समय है कि इसी तरह की नीतिगत पारदर्शिता निविदा के अन्य चरणों – जैसे *कार्य प्रगति मूल्यांकन (work progress evaluation), गुणवत्ता निरीक्षण (quality inspection), कार्य पूर्णता रिपोर्ट (completion report)* और *भुगतान (payment)* – में भी लागू की जाए।

वर्तमान में निविदा प्रक्रिया में जवाबदेही का स्पष्ट विभाजन (separation of responsibility) नहीं है।

न ही कार्य प्रगति और गुणवत्ता का स्वतंत्र ऑडिट, और न ही कोई अपील या निगरानी समिति (supervisory committee) है।

इससे पूरी प्रणाली भ्रष्टाचार और विलंब की ओर प्रवृत्त हो जाती है।

2. निविदा प्रणाली में सुधार हेतु सुझाव:

(क) स्वतंत्र लाइसेंस प्राप्त एजेंसियाँ (Independent Licensed Agencies):

प्रत्येक निविदा में यह प्रावधान हो कि कार्य की प्रगति और गुणवत्ता जांच (quality & progress verification) के लिए स्वतंत्र लाइसेंस प्राप्त एजेंसियाँ नियुक्त की जाएँ।

ये एजेंसियाँ निजी क्षेत्र की प्रतिष्ठित कंपनियाँ या संस्थान जैसे IITs, NITs या अन्य मान्यता प्राप्त तकनीकी संस्थान हो सकते हैं।

(ख) भुगतान अनुसूची (Payment Schedule) का निर्धारण:

प्रत्येक निविदा दस्तावेज़ में भुगतान अनुसूची (payment schedule) को स्पष्ट रूप से वर्णित किया जाए,

जो कार्य प्रगति के अनुसार, उक्त स्वतंत्र एजेंसियों द्वारा प्रमाणित (certified) रिपोर्ट पर आधारित हो।

इससे ठेकेदारों को समय पर भुगतान मिलेगा और पारदर्शिता बनी रहेगी।

(ग) पर्यवेक्षण समिति (Supervisory Committee) का गठन:

प्रत्येक जिला या विभागीय स्तर पर एक स्वतंत्र पर्यवेक्षण समिति (Supervisory Board/Committee) गठित की जाए,

जिसके समक्ष ठेकेदार अपने विवाद या शिकायतें दर्ज करा सकें।

यह समिति समयबद्ध समाधान (time-bound resolution) प्रदान करे ताकि ठेकेदारों को न्यायिक प्रक्रिया में जाने की आवश्यकता न पड़े।

3. **अपेक्षित लाभ:**

इन सुधारों से –

- ठेकेदारों को भ्रष्टाचार और उत्पीड़न से मुक्ति मिलेगी,
- ईमानदार और विशेषज्ञ ठेकेदारों को भागीदारी के लिए प्रोत्साहन मिलेगा,
- सच्चे और निष्पक्ष अधिकारी अधिक कार्यकुशलता से अपने दायित्व निभा सकेंगे,
- और अंततः सरकार को अधिक गुणवत्तायुक्त और समय पर परियोजनाएँ प्राप्त होंगी।

यह न केवल निविदा प्रणाली को पारदर्शी और भरोसेमंद बनाएगा, बल्कि सरकारी कार्यों में विश्वास, दक्षता और न्यायसंगत व्यवहार की नींव को भी मजबूत करेगा।

सादर,

नाम: दिनांक:

फोन नंबर एव पता:

विषय: जिला प्रशासन (District Administration) के कार्य में पारदर्शिता, उत्तरदायित्व एवं दक्षता हेतु सुझाव।

माननीय महोदय/महोदया,

जिला प्रशासन नागरिक जीवन के लगभग हर पहलू से जुड़ा होता है – कानून व्यवस्था, राजस्व संग्रहण, लोक सेवाएँ तथा नागरिक शिकायतों का निवारण।

वर्तमान व्यवस्था में विभिन्न जिम्मेदारियों के ओवरलैप के कारण न केवल कार्यकुशलता घटती है, बल्कि जवाबदेही भी कमजोर होती है।

इसलिए, जिला प्रशासन को अधिक प्रभावी और परिणामोन्मुख बनाने हेतु निम्नलिखित सुधार आवश्यक हैं –

1. **कानून एवं व्यवस्था की जिम्मेदारी का पूर्ण हस्तांतरण पुलिस को:**

   वर्तमान में कानून-व्यवस्था का नियंत्रण जिला अधिकारी (DM) और पुलिस दोनों के बीच विभाजित है।

   इसे पुलिस विभाग को पूर्ण रूप से सौंपा जाए, जैसा कि आयुक्त प्रणाली (Commissionerate System) में होता है।

इससे DM अपने मूल कार्यों – राजस्व संग्रहण, जनसेवाओं की निगरानी, और प्रशासनिक दक्षता सुधार – पर पूरा ध्यान दे सकेंगे।

2. **मैजिस्ट्रेट शक्तियों का सीमितकरण:**

   इस समय लगभग सभी प्रशासनिक अधिकारियों को मैजिस्ट्रेट की शक्तियाँ प्रदान की जाती हैं।

   इन शक्तियों को केवल चयनित और प्रशिक्षित अधिकारियों तक सीमित किया जाना चाहिए ताकि वे अपने न्यायिक दायित्वों को प्रभावी ढंग से निभा सकें।

   शेष अधिकारी अपना पूरा समय जनसेवा वितरण (public service delivery) और नीतियों के क्रिया-न्वयन में दे सकें।

3. **जिला स्तर पर पर्यवेक्षण समिति (Supervisory Committee) का गठन:**

   नागरिकों के लिए वर्तमान में किसी प्रशासनिक निर्णय के विरुद्ध एकमात्र विकल्प न्यायालय में याचिका (court case) दायर करना है।

   यह लोकतांत्रिक व्यवस्था में अव्यवहारिक प्रतीत होता है, क्योंकि नागरिकों को अपनी ही चुनी हुई सरकार के विरुद्ध पहले कदम पर कानूनी लड़ाई नहीं लड़नी चाहिए।

इस स्थिति में सुधार हेतु प्रत्येक जिले में एक पर्यवेक्षण समिति गठित की जाए, जिसमें शामिल हों –

- जन-प्रतिनिधि: सांसद (MPs), विधायक (MLAs)
- योग्यता आधारित स्वयंसेवक: जिन्हें लॉटरी प्रणाली (draw) द्वारा चुना जाए
- राज्य सरकार द्वारा नामित सदस्य (Members nominated by the State Government)

यह समिति नागरिकों की शिकायतें सीधे सुने और उसे अधिकार हो कि वह किसी विवादास्पद प्रशासनिक आदेश को अस्थायी रूप से स्थगित (pause/suspend) कर सके तथा सरकार से पुनर्विचार करने का अनुरोध करे।

यदि सरकार के हस्तक्षेप के बाद भी नागरिक असंतुष्ट रहें, तभी उन्हें न्यायालय जाने की जरूरत पड़े।

4. **आपातकालीन परिस्थितियों में जिला अधिकारी (DM) के विशेषाधिकार:**

   सुधारों के साथ-साथ यह भी सुनिश्चित किया जाए कि DM को आपातकालीन परिस्थितियों में विशेष अधिकार (emergency powers) प्राप्त हों।

आवश्यकता पड़ने पर वे पर्यवेक्षण समिति को अस्थायी रूप से निलंबित (suspend) कर सकें या किसी प्रशासनिक प्रतिबंध को अस्थायी रूप से हटा सकें, ताकि तत्काल कार्रवाई संभव हो सके।

इन सुधारों से जिला प्रशासन में स्पष्ट जिम्मेदारी-विभाजन, जवाबदेही और दक्षता सुनिश्चित होगी, जिससे प्रशासन अधिक जन-केंद्रित, पारदर्शी और लोकतांत्रिक बनेगा।

सादर,

नाम: दिनांक:

फोन नंबर एव पता:

विषय: भूमि स्वामित्व (Land Ownership) से संबंधित सुधार हेतु सुझाव।

माननीय महोदय/महोदया,

भारत में भूमि केवल आर्थिक संपत्ति नहीं बल्कि जीविका, सम्मान और स्थिरता का प्रतीक है। अतः भूमि स्वामित्व से जुड़ी नीतियाँ नागरिकों के सामाजिक और आर्थिक विकास पर गहरा प्रभाव डालती हैं।

वर्तमान में लागू कुछ पुरानी व्यवस्थाएँ, जो कभी आवश्यक थीं, अब अपने उद्देश्य से भटक चुकी हैं और समयानुसार पुनर्विचार की मांग करती हैं।

इस संदर्भ में निम्नलिखित सुधार प्रस्तावित हैं –

1. **कृषि भूमि पर दीर्घकालिक पट्टे (Patta) की व्यवस्था समाप्त की जाए:**

   कई दशकों पहले किसानों को दीर्घकालिक लीज़ (long-term lease / patta) पर भूमि दी गई थी ताकि वे स्थिर आजीविका पा सकें।

   हालांकि, अब यह व्यवस्था अपनी उपयोगिता और पारदर्शिता दोनों खो चुकी है।

   वर्तमान स्थिति में:

- ऐसी लीज़ भूमि के आवंटन में भ्रष्टाचार और अनियमितता की खबरें आम हैं।
- कई मामलों में पट्टाधारक द्वारा भूमि की बिक्री या फर्जी हस्तांतरण जैसी घटनाएँ सामने आती हैं।
- इन लीज़ों की निगरानी और रखरखाव में प्रशासनिक अधिकारियों का बहुमूल्य समय व्यर्थ होता है, जिसे नागरिक सेवाओं के अन्य क्षेत्रों में लगाया जा सकता है।

अतः सुझाव है कि –

- सभी अतिरिक्त कृषि भूमि तथा लीज़ की अवधि पूरी होने के बाद, भूमि को नीलामी (auction) के माध्यम से किसानों को बेचा जाए।
- मौजूदा लीज़ पर दी गई भूमि भी पारदर्शी नीलामी प्रक्रिया द्वारा संबंधित किसानों या इच्छुक खरीदारों को फ्रीहोल्ड स्वामित्व (ownership) के रूप में दी जाए।

यह व्यवस्था न केवल पारदर्शिता लाएगी, बल्कि सरकार के लिए राजस्व का नया स्रोत भी बनेगी।

2. चकबंदी प्रणाली (Land Consolidation) का पुन-र्गठन:

सिद्धांततः चकबंदी (Chakbandi) किसानों की भूमि को समेकित और सुव्यवस्थित करने की एक अच्छी पहल मानी जाती है।

परंतु व्यवहार में यह प्रणाली अत्यधिक जटिल, धीमी और भ्रष्टाचार-प्रवण बन चुकी है।

- भूमि सीमांकन (demarcation) और पुन-र्वितरण में लंबे मुकदमे, विवाद और अपीलें होती रहती हैं।
- परिणामस्वरूप किसान वर्षों तक कानूनी लड़ाई में उलझे रहते हैं, जिससे कृषि उत्पाद-कता और निवेश दोनों पर नकारात्मक प्रभाव पड़ता है।

इस व्यवस्था के स्थान पर एक नई प्रणाली अपनाई जा सकती है –

- "भूमि विनिमय स्टाम्प शुल्क (Land Exchange Stamp Duty)" का प्रावधान किया जाए, ज सिमें समान आकार की कृषि भूमि के आपसी आदान-प्रदान (land exchange) पर बहुत कम स्टाम्प ड्यूटी लगाई जाए।

- इससे किसान स्वेच्छा से अपनी भूमि आपसी सहमति से बदलकर अपने खेतों को एक जगह संकेन्द्रित (consolidate) कर सकेंगे।
- यह प्रणाली विवाद-मुक्त, तेज़ और स्वैच्छिक (voluntary & efficient) होगी।

इन सुधारों से भूमि प्रबंधन में पारदर्शिता आएगी, प्रशासनिक बोझ घटेगा, किसानों को वास्तविक स्वामित्व मिलेगा, और सरकार को अतिरिक्त राजस्व भी प्राप्त होगा।

यह कदम "Ease of Doing Farming" की दिशा में एक बड़ा सुधार सिद्ध होगा और ग्रामीण अर्थव्यवस्था को नई ऊर्जा देगा।

सादर,

नाम: दिनांक:

फोन नंबर एव पता:

विषय: भूमि पंजीकरण एव सर्किल रेट की व्यवस्था से संबंधित सुधार हेतु सुझाव।

माननीय महोदय/महोदया,

वर्तमान में प्रदेशों में सर्किल रेट की व्यवस्था वास्तविक भूमि क्रय-विक्रय की औसत दर को प्रदर्शित नहीं करती। उदाहरण के लिए, जिलों में विभिन्न स्थानों की भूमि का सर्किल रेट वास्तविक बाज़ार दर से कहीं कम है। यह आसानी से सिद्ध किया जा सकता है यदि उसी जिले मे प्रशासन अध्वा विकास प्राधिकरण . द्वारा नीलाम की गई भूमि की दरों की तुलना उसी क्षेत्र के सर्किल रेट से की जाए।

साथ ही, पंजीकरण प्रक्रिया में यह सुनिश्चित करने का कोई प्रभावी तंत्र नहीं है कि रजिस्ट्री दस्तावेज़ में उल्लिखित मूल्य ही वास्तविक लेन-देन का मूल्य है। यही कारण है कि जब भी भ्रष्टाचार-निरोधक एजेंसियों द्वारा छापेमारी की जाती है, तो बड़ी मात्रा में अवैध धन भूमि सौदों में ही पाया जाता है।

समस्या के दुष्परिणाम

1. राजस्व हानि - गलत सर्किल रेट के कारण सरकार को स्टांप ड्यूटी से बड़े पैमाने पर हानि हो रही है।
2. भूमि मूल्य में कृत्रिम वृद्धि - काले धन का प्रवाह भूमि में बढ़ रहा है, जिससे मूल्य अस्वाभाविक रूप से बढ़ते हैं।

3. ईमानदार नागरिक प्रभावित - वास्तविक दरों पर पंजीकरण न हो पाने से ईमानदार नागरिकों पर आर्थिक बोझ पड़ रहा है।
4. पारदर्शिता का अभाव - विकसित देशों की तुलना में भूमि लेन-देन में पारदर्शिता की भारी कमी है।

सुझाव

1. **सर्किल रेट निर्धारण का आधार**
   - किसी भी क्षेत्र का सर्किल रेट उसी क्षेत्र में हुई भूमि नीलामी (Auction) की औसत दर पर आधारित होना चाहिए।
2. **नागरिकों के अधिकारों की रक्षा**
   - प्रत्येक रजिस्ट्री के समय नागरिक को यह विकल्प दिया जाए कि वह स्टांप शुल्क भुगतान हेतु या तो सर्किल रेट का उपयोग करे या अपनी भूमि को नीलामी प्रक्रिया (auction process) से गुजरने दे।
3. **नियमित नीलामी व्यवस्था**
   - प्रत्येक माह एक निश्चित दिन भूमि नीलामी का आयोजन किया जाए ताकि सर्किल रेट और वास्तविक बाज़ार दर में संतुलन बना रहे।

सर्किल रेट सुधार से -

- सरकार को स्टांप ड्यूटी से अत्यधिक अतिरिक्त राजस्व प्राप्त होगा,
- भूमि बाज़ार में पारदर्शिता आएगी,
- और ईमानदार नागरिकों का आर्थिक हित सुरक्षित होगा।

यह आसान कार्य नहीं है, परंतु विकासशील से विकसित राष्ट्र की ओर बढ़ने के लिए कठिन निर्णय आवश्यक हैं।

अतः आपसे विनम्र अनुरोध है कि इस सुधारात्मक सुझाव पर गंभीरता से विचार कर ठोस निर्णय लेने की कृपा करें।

सादर,

नाम: दिनांक:

फोन नंबर एव पता:

विषय: भूमि अभिलेखों (Land Records) से संबंधित सुधार हेतु सुझाव।

माननीय महोदय/महोदया,

भारत में भूमि अभिलेखों का डिजिटलीकरण (digitization of land records) पिछले कुछ वर्षों में उल्लेखनीय रूप से बेहतर हुआ है।

अब नागरिकों को अपनी भूमि से संबंधित जानकारी तक ऑनलाइन पहुँच प्राप्त है, जिससे पारदर्शिता और प्रशासनिक दक्षता में वृद्धि हुई है।

हालाँकि, अब आवश्यकता है कि इस प्रणाली को अगले स्तर के "अंतिम मील सुधार (last-mile reforms)" तक ले जाया जाए, ताकि भूमि स्वामित्व और स्थान-संबंधी विवाद स्थायी रूप से समाप्त हो सकें।

इस दिशा में निम्नलिखित सुधार किए जा सकते हैं –

1. **सभी भूमि अभिलेखों और सरकारी संपत्तियों का जियो-टैगिंग (Geo-Tagging) किया जाए:**

   वर्तमान में भूमि अभिलेखों और नक्शों का डिजिटलीकरण तो हुआ है, परंतु सटीक भौगोलिक पहचान (geo-referencing) का अभाव अभी भी है।

   इसे पूरा करने के लिए –

- सभी भूमि रिकॉर्ड्स (land maps) को जियो टैग (geo-tag) किया जाए, ताकि प्रत्येक संपत्ति की स्थिति उपग्रह स्तर पर सत्यापित की जा सके।
- सभी सरकारी और सार्वजनिक संपत्तियों जैसे – भूमि, भवन, तालाब, झीलें, जंगल, पार्क, सड़कें, नालियाँ आदि की पहचान कर उनका विस्तृत जियो-टैगिंग डेटा तैयार किया जाए।
- जियो टैगिंग केवल सीमित नहीं होनी चाहिए, बल्कि प्रत्येक संपत्ति के चारों कोनों और मध्य बिंदु (all corners and center points) को टैग किया जाना चाहिए।

इससे न केवल सरकारी संपत्तियों पर अवैध कब्जे को रोका जा सकेगा, बल्कि नागरिकों को भी अपने अधिकार क्षेत्र और भूमि सीमाओं की स्पष्ट जानकारी प्राप्त होगी।

2. सभी रजिस्ट्री और पावर ऑफ अटॉर्नी में जियो टैग का समावेश:

भूमि से संबंधित रजिस्ट्री (registry) या पावर ऑफ अटॉर्नी (power of attorney) में अनिवार्य रूप से

संबंधित भूमि के जियो टैग्स (geo-coordinates) सम्मिलित किए जाएँ।

- प्रत्येक रजिस्ट्री में संपत्ति के चारों कोनों और केंद्र बिंदु के जियो कोऑर्डिनेट्स दर्ज होना अनिवार्य किया जाए।

इससे यह सुनिश्चित किया जा सकेगा कि जिस भूमि की बिक्री या हस्तांतरण हो रहा है, वही भूमि वास्तविकता में कहाँ मौजूद है।

उपरोक्त दोनों सुधारों के संयुक्त रूप से लागू होने से –

- भूमि घोटालों (land frauds) जैसे *डबल रजिस्ट्री, सरकारी या सार्वजनिक भूमि की अवैध बिक्री, गलत सीमा निर्धारण* आदि की संभावना लगभग समाप्त हो जाएगी।
- रिकॉर्ड बनाम वास्तविकता (records vs possession) के बीच मौजूद भौगोलिक वि-संगतियाँ (location discrepancies) स्वतः दूर हो जाएँगी।
- विवादों और मुकदमों में भारी कमी:

इन सुधारों के लागू होने से भूमि स्वामित्व और सीमा निर्धारण से संबंधित न्यायालयी विवादों

(legal disputes) में उल्लेखनीय कमी आएगी। विशेष रूप से –

i. सड़क या मार्ग की स्थिति,

ii. पहुंच मार्ग (right of way),

iii. संपत्ति सीमाओं का ओवरलैप या अवरोध (boundary obstruction) जैसे विवादों का समाधान स्वतः हो जाएगा, क्योंकि हर संपत्ति का स्थानिक सत्यापन (spatial verification) डिजिटल रूप से प्रमाणित रहेगा।

इन सुधारों से भूमि प्रबंधन व्यवस्था तकनीकी रूप से सशक्त, पारदर्शी और विवाद-मुक्त बनेगी।

यह कदम न केवल सरकार के प्रशासनिक बोझ को कम करेगा, बल्कि नागरिकों को भी सटीक और प्रमाणिक भूमि स्वामित्व की सुरक्षा प्रदान करेगा – जो एक आधुनिक और डिजिटल भारत की दिशा में महत्वपूर्ण कदम होगा।

सादर,

नाम: दिनांक:

फोन नंबर एव पता:

विषय: नगरपालिकाओं में संपत्ति कर सुधार (Property Tax Reforms) हेतु सुझाव।

माननीय महोदय/महोदया,

वर्तमान समय में नागरिकों के बीच यह सामान्य धारणा बन चुकी है कि संपत्ति कर निर्धारण (Property Tax Assessment) प्रक्रिया में पारदर्शिता की कमी है और कई बार इसमें पक्षपात या प्रभाव की संभावना दिखाई देती है।

इस स्थिति को सुधारने और कर निर्धारण को अधिक पार-दर्शी, वस्तुनिष्ठ एवं तकनीकी रूप से सटीक बनाने के लिए कुछ महत्वपूर्ण सुधार किए जा सकते हैं –

1. **बिजली बिल को कर निर्धारण का आधार बनाना:**

   जो संपत्तियाँ अधिवासित (occupied) हैं, उनके लिए बिजली बिल के उपयोग के आधार पर संपत्ति कर निर्धारित किया जा सकता है।

   यदि किसी संपत्ति का बिजली उपभोग अधिक है, तो यह माना जा सकता है कि वहां जल, सीवर जैसी सार्वजनिक सुविधाओं का उपयोग भी अधिक हो रहा है।

   इसके लिए व्यावसायिक और आवासीय कनेक्शनों के लिए अलग-अलग सूत्र (formulas) अपनाए जा सकते हैं।

2. **बिजली बिल के साथ संपत्ति कर की वसूली:**

नागरिकों की सुविधा के लिए, संपत्ति कर को बिजली बिल के साथ जोड़ा जा सकता है ताकि लोग हर महीने छोटी राशि में कर अदा कर सकें।

इससे नागरिकों पर एकमुश्त भार नहीं पड़ेगा, नगर-पालिकाओं का कर-संग्रह और रिमाइंडर खर्च घटेगा, तथा बकाया (delinquency) के मामले भी न्यूनतम रहेंगे।

3. **खाली संपत्तियों के लिए वैकल्पिक मूल्यांकन:**

उपरोक्त प्रणाली को अन्य पारंपरिक विधियों के साथ संयोजन में प्रयोग किया जा सकता है, विशेष रूप से खाली या अव्यवहृत संपत्तियों के लिए।

4. **स्वतंत्र एजेंसियों द्वारा सर्वेक्षण:**

संपत्तियों का सर्वेक्षण नगरपालिकाओं के अधीन न होकर, स्वतंत्र एजेंसियों द्वारा किया जाना चाहिए।

इन एजेंसियों को ड्रोन और सैटेलाइट इमेजिंग तकनीक का उपयोग करना चाहिए ताकि कर निर्धारण का आधार वास्तविक क्षेत्रफल, निर्माण और उपयोग की स्थिति पर आधारित हो, न कि अनुमान या प्रभाव पर।

इन सुधारों से न केवल नगरपालिकाओं की राजस्व वसूली की दक्षता बढ़ेगी, बल्कि नागरिकों में विश्वास, पारदर्शिता और सहयोग की भावना भी सुदृढ़ होगी।

सादर,

नाम: दिनांक:

फोन नंबर एव पता:

विषय: नगरपालिकाओं में स्वच्छता सुधार (Cleanliness Reforms) हेतु सुझाव।

माननीय महोदय/महोदया,

स्वच्छता किसी भी सभ्य समाज की बुनियाद होती है। लेकिन वर्तमान में नगरों और कस्बों में खुले नालों से उठती दुर्गंध और अस्वच्छता नागरिकों के स्वास्थ्य एवं जीवन-स्तर को प्रभावित कर रही है। इस स्थिति को सुधारने हेतु कुछ ठोस कदम उठाए जाने आवश्यक हैं –

1. **सभी बड़े नालों का ढकाव (Covering of Drains):**

   शहरों में बहने वाले खुले नालों को पूरी तरह ढकने की आवश्यकता है।

   हर कुछ सौ मीटर पर निरीक्षण व सफाई बिंदु (checkpoints) बनाए जाएँ ताकि समय-समय पर गाद निकालने (desilting) और मरम्मत का कार्य सुचारु रूप से हो सके।

   इससे न केवल दुर्गंध समाप्त होगी, बल्कि नागरिकों को एक स्वच्छ और स्वास्थ्यकर वातावरण मिलेगा।

2. **कॉलोनियों और गाँवों के छोटे नालों में पाइप प्रणाली:**

   छोटे नालों को भी पाइपलाइन प्रणाली से ढका जाए और हर कुछ सौ मीटर पर निरीक्षण बिंदु बनाए जाएँ।

यह व्यवस्था नालों में कचरा, ठोस अपशिष्ट और प्लास्टिक के प्रवेश को रोक देगी, जिससे चोक होने की समस्या भी काफी हद तक समाप्त हो जाएगी।

3. **सफाई के बाद सड़कों पर गाद छोड़ने की समस्या का समाधान:**

   वर्तमान में, जब नालों की सफाई की जाती है, तो गाद और मलजल सड़कों के किनारे छोड़ दिया जाता है, जो अत्यंत अस्वच्छ और दुर्गंधयुक्त होता है।

ढके हुए नालों की व्यवस्था से यह समस्या स्वतः समाप्त हो जाएगी, और सड़कों की स्वच्छता भी बनी रहेगी।

इन सुधारों से नगरों की स्वच्छता व्यवस्था में आमूलचूल परिवर्तन आएगा और नागरिकों को स्वस्थ, स्वच्छ और सभ्य शहरी वातावरण प्राप्त होगा।

सादर,

नाम: दिनांक:

फोन नंबर एव पता:

विषय: धार्मिक जुलूस एवं शोभायात्राओं के आयोजन हेतु व्यवस्था संबंधी सुझाव।

माननीय महोदय/महोदया,

भारत विविधता में एकता का देश है, जहाँ प्रत्येक धर्म और समुदाय के लोग अपने-अपने धार्मिक पर्व, अनुष्ठान और शोभायात्राएँ पूरे उत्साह और श्रद्धा के साथ मनाते हैं। इन आयोजनों से श्रद्धालुओं में गर्व और आनंद की भावना उत्पन्न होती है।

परंतु हाल के समय में कुछ असामाजिक तत्वों की वजह से या अन्य कारणों से ऐसी धार्मिक शोभायात्राएँ अनेक बार विवादों, टकरावों और तनावपूर्ण परिस्थितियों का कारण बनी हैं, जिससे स्थानीय क्षेत्रों की शांति और सौहार्द प्रभावित हुआ है।

इन परिस्थितियों के चलते कई बार स्थानीय प्रशासन को अनुमति न देने का निर्णय लेना पड़ता है, जिससे नागरिक अपने धार्मिक अधिकारों का पूर्ण रूप से प्रयोग नहीं कर पाते।

इस समस्या का व्यावहारिक और शांतिपूर्ण समाधान यह हो सकता है कि –

धार्मिक जुलूस या शोभायात्राएँ केवल स्टेडियमों या बड़े खुले मैदानों में आयोजित की जाएँ।

ऐसे स्थानों पर आयोजन होने से –

- स्थानीय क्षेत्रों की शांति और यातायात प्रभावित नहीं होगा,
- विभिन्न समुदायों के बीच टकराव की संभावना कम होगी,
- और आयोजन में केवल आमंत्रित श्रद्धालु या दर्शक ही भाग ले सकेंगे, जिससे सुरक्षा व्यवस्था भी सुचारु रह सकेगी।

यह सुझाव उन विशेष धार्मिक यात्राओं (जैसे कांवड़ यात्रा, गणपति विसर्जन आदि) पर लागू नहीं होगा, जो परंपरागत रूप से निश्चित मार्गों से गुजरती हैं।

इस प्रकार की व्यवस्था से न केवल धार्मिक आयोजनों की गरिमा और सुरक्षा बनी रहेगी, बल्कि देश में शांति, सौहार्द और आपसी सम्मान की भावना भी और प्रबल होगी।

सादर,

नामः दिनांकः

फोन नंबर एव पताः

विषय: आवासीय कल्याण संघों (Resident Welfare Associations - RWAs) की कार्यप्रणाली में पारदर्शिता और जवाबदेही हेतु सुझाव।

माननीय महोदय/महोदया,

आवासीय कल्याण संघ (Resident Welfare Associations - RWAs) स्थानीय स्तर पर नागरिक सुविधाओं, रख-रखाव और सामुदायिक प्रशासन के लिए महत्वपूर्ण भूमिका निभाते हैं।

हालांकि, हाल के वर्षों में आरडब्ल्यूए से संबंधित भ्रष्टाचार, सेवा वितरण में कमी, और कुछ समूहों द्वारा नियंत्रण (hijacking) जैसी शिकायतें लगातार सामने आई हैं।

इन समस्याओं का मुख्य कारण चुनाव प्रक्रिया में पारदर्शिता की कमी और प्रभावी निगरानी तंत्र का अभाव है।

इस दिशा में निम्नलिखित सुधार प्रस्तावित हैं –

1. **आरडब्ल्यूए चुनाव प्रणाली में सुधार (Transparent and Inclusive Election Process):** वर्तमान चुनाव प्रणाली के कारण कई बार कुछ समूह पूरी समिति पर नियंत्रण कर लेते हैं, जिससे अन्य निवासियों का प्रतिनिधित्व नहीं हो पाता।

इसे दूर करने के लिए "रैंक-आधारित बहुलता आवंटन प्रणाली (Rank-Based Plurality Allocation System)" लागू की जा सकती है, जो इस प्रकार कार्य करे –

- प्रत्येक निवासी केवल एक उम्मीदवार को वोट देगा।
- सर्वाधिक मत प्राप्त उम्मीदवार अध्यक्ष (President/Chairperson) बनेगा।
- दूसरे सर्वाधिक मत प्राप्त उम्मीदवार उपाध्य-क्ष (Vice President) बनेगा, और इसी तरह आगे के पद क्रमशः भरे जाएंगे।

इससे सभी मतदाताओं का निष्पक्ष प्रतिनिधित्व सु-निश्चित होगा और आरडब्ल्यूए पर किसी एक समूह का एकाधिकार समाप्त होगा।

2. एनओसी (No Objection Certificate) प्रक्रिया में सुधार:

संपत्ति या फ्लैट के हस्तांतरण के समय आरडब्ल्यूए से एनओसी प्राप्त करना नागरिकों के लिए एक बड़ी परेशानी बन चुका है।

कई मामलों में सदस्यों को अनुचित धनराशि चुकाने या लंबे विलंब का सामना करना पड़ता है।

इस प्रक्रिया को सरल, पारदर्शी और उत्पीड़न-मुक्त (harassment-proof) बनाया जाना चाहिए।

इसके लिए स्वचालित सत्यापन प्रणाली (Automated Verification System) लागू की जा सकती है,

जो आरडब्ल्यूए द्वारा जारी वार्षिक देयक पत्र (Annual Dues Letter) के आधार पर सत्यापन करे।

यदि आवेदक ने सभी वार्षिक देयक समय पर जमा कर दिए हैं, तो एनओसी स्वतः जारी हो जाए, और किसी मानव हस्तक्षेप की आवश्यकता न रहे।

इस प्रणाली से नागरिकों का समय और धन दोनों की बचत होगी तथा भ्रष्टाचार और उत्पीड़न की संभावना लगभग समाप्त हो जाएगी।

इन सुधारों से आरडब्ल्यूए की कार्यप्रणाली अधिक लोकतांत्रिक, पारदर्शी और नागरिक-केंद्रित बनेगी, जिससे सामुदायिक जीवन में विश्वास, सहयोग और जवाबदेही को नया बल मिलेगा।

सादर,

नाम: दिनांक:

फोन नंबर एव पता:

उद्योग - व्यवसाय करने की सरलता से संबंधित

व्यवसाय करने में सुगमता (Ease of Doing Business) के क्षेत्र में नीतिगत और प्रक्रियात्मक – दोनों दृष्टिकोणों से उल्लेखनीय सुधार किए गए हैं।

किन्तु इन सुधारों को अब भी उन प्रक्रियाओं के माध्यम से लागू किया जा रहा है, जो सुधार-पूर्व युग (Pre-reform Era) में बनाई गई थीं। कुछ प्रक्रियाएँ तो उदारीकरण (Liberalization) से पहले की हैं।

जब तक इस क्षेत्र में भी सुधार नहीं किए जाते, तब तक कागज़ों पर चाहे नीतियाँ कितनी भी प्रभावशाली क्यों न दिखें, वे सभी हितधारकों (Stakeholders) को वास्तविक लाभ नहीं पहुँचा पाएँगी।

अंततः इसका परिणाम यह होगा कि उद्योगों और व्यवसायों का योगदान सीमित रहेगा, और हम हमेशा की तरह तीसरी दुनिया (Third World) के देशों की श्रेणी में ही बने रहेंगे।

विषय: प्रदूषण, अग्नि सुरक्षा, जल संसाधन एवं विद्युत सुरक्षा (लिफ्ट आदि) से संबंधित एनओसी प्रक्रिया में सुधार का प्रस्ताव।

माननीय महोदय/महोदया,

उद्योगों को प्रदूषण नियंत्रण, अग्नि सुरक्षा, जल संसाधन प्रबंधन तथा विद्युत सुरक्षा (लिफ्ट आदि सहित) के लिए अनापत्ति प्रमाण पत्र (NOC) प्राप्त करना अनिवार्य है। वर्तमान में इसके लिए सम्बन्धित विभागों से अनुमति लेनी पड़ती है। परन्तु इन विभागों में पर्याप्त स्टाफ उपलब्ध नहीं है, और नवीनतम तकनीकों एवं प्रथाओं पर उनका प्रशिक्षण भी पर्याप्त नहीं है। परिणामस्वरूप प्रक्रिया धीमी और अप्रभावी हो जाती है।

एक व्यावहारिक समाधान यह हो सकता है कि निजी कंपनियों को ऑडिट करने का लाइसेंस दिया जाए। इन अधिकृत कंपनियों द्वारा किए गए ऑडिट रिपोर्ट के आधार पर उद्योगों को स्वतः एनओसी प्राप्त हो सके। विभागों की भूमिका इस प्रकार होनी चाहिए:

1. व्यावहारिक नीतियाँ तैयार करना।
2. निजी ऑडिट कंपनियों को प्रशिक्षण एवं लाइसेंस देना।

3. यह सुनिश्चित करना कि उनके अधिकार क्षेत्र में आने वाली सभी कंपनियाँ समय पर ऑडिट रिपोर्ट प्रस्तुत कर रही हैं।

इस सुधार से विभागों को स्वयं ऑडिट करने की आवश्यकता नहीं रहेगी और प्रक्रिया अधिक पारदर्शी, त्वरित एवं तकनीक-सक्षम हो जाएगी।

मार्गदर्शन हेतु हम वाहन प्रदूषण जाँच प्रणाली का उदाहरण ले सकते हैं। इस प्रणाली में प्रदूषण जाँच का कार्य अधिकृत निजी ऑपरेटर करते हैं, वाहन स्वामी जाँच कराते हैं और रिपोर्ट स्वतः संबंधित प्राधिकरण को जमा हो जाती है। इसमें आरटीओ (RTO) की प्रत्यक्ष भागीदारी नहीं होती, जिससे प्रणाली प्रभावी और सरल हो जाती है।

इसी प्रकार की व्यवस्था अपनाने से प्रदूषण, अग्नि सुरक्षा, जल संसाधन और विद्‌युत सुरक्षा से संबंधित एनओसी प्रक्रिया को भी सरल और आधुनिक बनाया जा सकता है।

सादर,

नाम: दिनांक:

फोन नंबर एव पता:

विकास प्राधिकरणों से संबंधित

विकास प्राधिकरणों (Development Authorities) की ज़िम्मेदारी नगरों और शहरों के सुनियोजित विकास (Planned Development) की है। परंतु वर्तमान में नगरों और शहरों की स्थिति यह दर्शाती है कि उनका एक बड़ा हिस्सा बस्तियों (shanties) में परिवर्तित हो चुका है।

न बच्चों के खेलने के लिए उपयुक्त पार्क हैं,न आग से सुरक्षा (Fire Safety) के दृष्टिकोण से रहना सुरक्षित है,यातायात प्रबंधन अत्यंत अव्यवस्थित है,और प्रदूषण लगातार बढ़ रहा है। ऐसे में यदि नागरिक इन विकास प्राधिकरणों के कार्य से असंतुष्ट पाए जाएँ, तो यह कोई आश्चर्य की बात नहीं होगी। यह सब इस बात की ओर संकेत करता है कि इन विकास प्राधिकरणों की नीतियों और प्रक्रियाओं में सुधार एवं परिवर्तन की तत्काल आवश्यकता है।

विषय: विकास प्राधिकरणों (Development Authorities) की कार्यप्रणाली में पारदर्शिता एवं जवाबदेही हेतु सुझाव।

माननीय महोदय/महोदया,

वर्तमान समय में नागरिकों को विकास प्राधिकरणों की सेवाओं एवं कार्यप्रणाली से संबंधित मामलों में अनेक कठिनाइयों का सामना करना पड़ता है।

ऐसा प्रतीत होता है कि इन संस्थाओं पर कोई प्रत्यक्ष निगरानी या जवाबदेही तंत्र नहीं है, जिसके कारण नागरिक अक्सर अधिकारियों की इच्छा और विवेक पर निर्भर रहते हैं।

ऐसी स्थिति में नागरिकों के पास केवल उच्च अधिकारियों के समक्ष शिकायत दर्ज करने का विकल्प बचता है – जहाँ वही प्रक्रिया फिर से दोहराई जाती है, और संबंधित अधिकारी कई बार स्थानांतरण (transfer) के कारण जवाबदेही से बच निकलते हैं।

लोकतांत्रिक व्यवस्था में यह आवश्यक है कि कार्यपालिका (executive bodies) पर प्रत्यक्ष लोक-नियंत्रण (public oversight) हो।

इस दिशा में निम्नलिखित सुधार किए जा सकते हैं –

1. **जिला स्तर पर पर्यवेक्षण समिति (Supervisory Committee) का गठन:**

   प्रत्येक जिले में एक पर्यवेक्षण समिति (Supervisory Committee) का गठन किया जाए, जिसमें शामिल हों –

   - जन-प्रतिनिधि: सांसद (MPs), विधायक (MLAs)
   - सार्वजनिक विशेषज्ञ (Public Experts): अनुभव के आधार पर चयनित स्वयंसेवक, जिनका चयन लॉटरी प्रणाली (draw) से किया जाए ताकि पक्षपात के आरोपों से बचा जा सके
   - राज्य सरकार द्वारा नामित सदस्य (Members nominated by the State Government)

2. **समिति के अधिकार और भूमिका:**

   यह समिति विकास प्राधिकरणों की कार्यप्रणाली की निगरानी (monitoring) करे,

   नागरिकों की शिकायतों (grievances) को सीधे सुने, और आवश्यक होने पर अधिकारियों द्वारा किए गए निर्णयों या आदेशों की समीक्षा (review) कर सके।

समिति को यह अधिकार भी दिया जाए कि वह आवश्यक समझे तो प्राधिकरण के निर्णय को स्थगित (suspend) कर सके और राज्य सरकार को पुनर्विचार के लिए भेज सके।

3. **नागरिकों को सीधा समाधान (Direct Redressal):**

   नागरिकों को यह अधिकार मिले कि वे अपनी समस्या या अन्याय की स्थिति में इस समिति के समक्ष सीधे जाकर न्याय और समाधान प्राप्त कर सकें।

ऐसी व्यवस्था से न केवल विकास प्राधिकरणों की जवाबदेही बढ़ेगी, बल्कि नागरिकों का विश्वास और सहभागिता भी मजबूत होगी।

यह प्रणाली प्रशासन को अधिक पारदर्शी, उत्तरदायी और लोकतांत्रिक भावना के अनुरूप बनाएगी।

सादर,

नाम: दिनांक:

फोन नंबर एव पता:

विषय: विकास प्राधिकरणों (Development Authorities) की नीतियों एवं प्रक्रियाओं में सुधार हेतु सुझाव।

माननीय महोदय/महोदया,

विकास प्राधिकरणों की जिम्मेदारी नगरों और शहरों के सुनि-योजित विकास (Planned Development) और आधुनिक परिवर्तन (Modern Transformation) की है।

परंतु वर्तमान नीतियों और प्रक्रियाओं के परिणामस्वरूप विकास असंतुलित और असमान दिखाई देता है। कई स्थानों पर सुगठित कॉलोनियों के ठीक समीप घनी आबादी वाले छोटे मकानों के अस्वस्थ समूह (Unfit Dense Housing Clusters) देखे जा सकते हैं, जिनमें जनसंख्या का एक बड़ा हिस्सा निवास करता है। इन क्षेत्रों में न तो उचित सड़क अवसंरचना है, न बच्चों के खेलने के लिए पार्क, न अग्नि सुरक्षा की व्यवस्था, न ही प्रभावी यातायात प्रबंधन या कचरा निस्तारण प्रणाली।

इस असंतुलित विकास का एक प्रमुख कारण यह है कि कृषक एवं भूमि स्वामी को विकास प्रक्रिया में भागीदार के रूप में नहीं देखा जाता, बल्कि केवल भूमि विक्रेता के रूप में माना जाता है, जिनकी भूमि न्यूनतम दर पर अधिग्रहित की जानी है।

भूमि को न्यूनतम लागत पर अधिग्रहित करने के प्रयास में प्रशासन प्रायः सर्किल रेट (Circle Rate) को जानबूझकर कम रखता है।

परिणामस्वरूप, कई बार ऐसी स्थिति उत्पन्न हो जाती है जहाँ वास्तविक बाजार दरें (Market Rates) सर्किल रेट से दो से तीन गुना अधिक होती हैं।

किसानों एवं भूमि स्वामियों को उचित मुआवज़ा न मिल पाने के कारण वे न्याय के लिए अदालती विवादों (Court Cases) का सहारा लेते हैं।

इन मामलों के निपटारे में वर्षों लग जाते हैं, जिससे भूमि विकास कार्यों के लिए अनुपलब्ध रहती है।

कई बार किसान या भूमि स्वामी ऐसी भूमि को छोटे-छोटे प्लॉटों में बाँटकर बेच देते हैं, जिससे अनजाने खरीदार कम कीमतों के लालच में ऐसी भूमि खरीद लेते हैं, जबकि वे उसके विवाद या सीमाओं से अनभिज्ञ रहते हैं। धीरे-धीरे ऐसे क्षेत्र भीड़भाड़ वाले, अस्वस्थ और अनुपयुक्त आवासीय समूहों में बदल जाते हैं।

इसके अतिरिक्त, जब सर्किल रेट वास्तविक बाजार दर से काफी कम होता है, तो काले धन (Black Money) का प्रवाह संपत्ति लेन-देन में बढ़ जाता है। इस धन के प्रवाह

से भूमि और संपत्ति की कीमतें कृत्रिम रूप से बढ़ती हैं, जिससे साधारण नागरिकों के लिए घर या भूमि खरीदना और भी कठिन हो जाता है। यह स्थिति एक दुष्चक्र (Vicious Cycle) को जन्म देती है, जिसमें अनियोजित और अस्वस्थ आवासीय क्षेत्रों का विस्तार लगातार बढ़ता चला जाता है।

इस समस्या का व्यावहारिक समाधान यह हो सकता है कि –

- कृषक/भूमि स्वामियों को साझेदार के रूप में देखा जाए और उन्हें वाणिज्यिक, औद्योगिक या बहुमंज़िला आवासीय विकास (Commercial, Industrial, Multi-storied Development) की अनुमति दी जाए।
- विकास प्राधिकरण अपनी ऊर्जा और संसाधनों को सड़क अवसंरचना, पार्क, हरित क्षेत्र (Green Zones), प्रदूषण नियंत्रण और अपशिष्ट प्रबंधन (Waste Management) पर केंद्रित करें।
- घनी एवं अनियोजित बस्तियों में, मालिकों को अपने भूखंडों को मिलाकर बहुमंज़िला आवास निर्माण हेतु प्रोत्साहित किया जाए, ताकि भूमि का बेहतर उपयोग हो सके और खाली हुई भूमि सड़कों या पार्कों के लिए प्रयुक्त हो सके।
- जहाँ सुधार संभव न हो, वहाँ विकास प्राधिकरण को भूमि/मकान अधिग्रहित कर उन्हें सार्वजनिक उपयोग

(Public Utility) जैसे पार्क, सड़कों, हरित क्षेत्र आदि में परिवर्तित करने हेतु विशेष बजट आवंटित किया जाए।

- कानूनी विवादों के निस्तारण हेतु निश्चित समय सीमा तय की जाए, जिससे नागरिक और शासन के बीच संतुलन बना रहे।

यदि उपर्युक्त सुधारों को नीतिगत रूप से अपनाया जाए तो न केवल शहरों में संतुलित और समावेशी विकास (Balanced and Inclusive Development) संभव होगा, बल्कि नागरिकों, किसानों और शासन – तीनों के बीच सहयोग की भावना भी प्रबल होगी।

सादर,

नाम: दिनांक:

फोन नंबर एव पता:

पुलिस से संबंधित

पुलिस विभाग के महत्व और उसकी भूमिका को अलग से बताने की आवश्यकता नहीं है – वह कानून-व्यवस्था, नागरिक सुरक्षा और शासन की विश्वसनीयता का मूल स्तंभ है। इसी कारण से यह और भी अनिवार्य हो जाता है कि पुलिस विभाग के कार्य में नैतिकता, पारदर्शिता और उत्तर-दायित्व के स्थापित मानकों से कोई भी विचलन न हो।

इसी दृष्टि से, इस पत्र-माला (Series of Letters) में मैंने उन प्रमुख क्षेत्रों की पहचान की है, जहाँ संरचनात्मक एवं नीतिगत सुधार (Structural and Policy Reforms) अत्यंत आवश्यक हैं, ताकि पुलिस व्यवस्था और अधिक प्रभावी, पारदर्शी और जनोन्मुख हो सके।

विषय: पुलिस सुधार (Police Reforms) - शिकायत निस्तारण प्रक्रिया में पारदर्शिता, नागरिक सुविधा एवं जवाबदेही बढ़ाने हेतु सुझाव।

माननीय महोदय/महोदया,

पुलिस कार्यप्रणाली में पारदर्शिता और नागरिक-सुलभता लोकतांत्रिक शासन की बुनियादी आवश्यकता है।

वर्तमान व्यवस्था में नागरिकों को शिकायत दर्ज कराने (registering complaints) में अनेक बाधाओं का सामना करना पड़ता है, जिससे न केवल नागरिकों का पुलिस पर विश्वास घटता है बल्कि सरकार को भी वास्तविक कानून-व्यवस्था की स्थिति (law & order reality) का सही आकलन नहीं हो पाता है।

इन चुनौतियों को दूर करने और पुलिस व्यवस्था को अधिक पारदर्शी, जवाबदेह और नागरिक-केंद्रित (citizen-centric) बनाने के लिए निम्नलिखित सुधार आवश्यक हैं –

1. **जन सेवा केंद्रों (Jan Seva Kendras) के माध्यम से पुलिस शिकायत दर्ज करने की व्यवस्था:**

   वर्तमान में अधिकांश नागरिकों के लिए पुलिस स्टेशन जाकर शिकायत दर्ज कराना एक कठिन कार्य होता है – कई बार शिकायतें स्वीकार नहीं की जातीं या प्राप्ति रसीद नहीं दी जाती।

इस समस्या का समाधान जन सेवा केंद्रों (Jan Seva Kendras) के माध्यम से किया जा सकता है।

- प्रत्येक नागरिक को यह सुविधा दी जाए कि वह अपनी पुलिस शिकायत या विवाद से संबंधित आवेदन जन सेवा केंद्र में जमा कर सके।
- जन सेवा केंद्र संबंधित आवेदन को स्वचालित रूप से संबंधित थाने या पुलिस मुख्यालय (Police HQ) को अग्रेषित करे।
- सभी आवेदन "जैसा लिखा गया है वैसा ही (as-is)" स्वीकार किए जाएँ, केवल यह सुनिश्चित किया जाए कि शिकायतकर्ता के संपर्क विवरण (contact details) सही हों ताकि पुलिस आवश्यकता पड़ने पर उनसे संपर्क कर सके।

इससे –

- नागरिकों को शिकायत दर्ज कराने में बाधाओं का सामना नहीं करना पड़ेगा,
- सरकार को रियल-टाइम डेटा (real-time updates) प्राप्त होगा कि किस क्षेत्र में किस प्रकार की शिकायतें आ रही हैं,
- और शिकायत निस्तारण की ट्रैकिंग और मॉनिटरिंग प्रणाली (tracking & monitoring) अधिक प्रभावी बनेगी।

2. पुलिस कर्मियों के विरुद्ध शिकायतों के निपटान हेतु स्वतंत्र विभाग का गठन:

वर्तमान व्यवस्था में पुलिस कर्मियों के विरुद्ध आने वाली अधिकांश शिकायतें जिला पुलिस प्रमुख (District Police Head) द्वारा ही देखी जाती हैं।

यह स्थिति हितों के टकराव (conflict of interest) को जन्म देती है – क्योंकि अधिकारी अपने अधीनस्थों के विरुद्ध निष्पक्ष कार्रवाई करने में असुविधा महसूस कर सकता है।

इस समस्या के समाधान के लिए –

- राज्य स्तर पर एक स्वतंत्र पुलिस शिकायत निवारण विभाग (Independent Police Complaint & Conduct Department) स्थापित किया जाए।
- यह विभाग जिला पुलिस से पूर्णतः स्वतंत्र (independent of district police hierarchy) हो और सीधे राज्य सरकार या गृह विभाग को रिपोर्ट करे।
- इस मॉडल को "मिलिट्री पुलिस (Military Police)" की तर्ज पर बनाया जा सकता है, जो सेना में अनुशासन और जवाबदेही बनाए रखने का कार्य स्वतंत्र रूप से करती है।

इससे –

- पुलिस बल में अनुशासन और उत्तरदायित्व (discipline & accountability) दोनों बढ़ेंगे,
- नागरिकों का पुलिस में विश्वास पुनः स्थापित होगा,
- और शिकायतों पर कार्रवाई घटना से पहले (preventive) स्तर पर संभव हो सकेगी, न कि केवल घटना के बाद (reactive)।

इन सुधारों से पुलिस प्रणाली अधिक जन-उन्मुख (people-oriented), पारदर्शी (transparent) और जवाबदेह (accountable) बनेगी।

नागरिकों का विश्वास लौटेगा, सरकार को वास्तविक स्थिति की जानकारी समय पर मिलेगी, और समग्र रूप से कानून एवं व्यवस्था की स्थिति (law & order) में उल्लेखनीय सुधार होगा।

सादर,

नाम: दिनांक:

फोन नंबर एव पता:

विषय: पुलिस की सामान्य कार्यप्रणाली में सुधार–उप-शाखा-ओं का गठन एवं सीसीटीवी लाइव एव बॉडी कैमरा (Body Cam) मॉनिटरिंग

माननीय महोदय/महोदया,

1. **थाना-स्तर पर उप-शाखाएँ/सेल का गठन:** प्रत्येक थाने में कार्य-आधारित उप-शाखाएँ बनाई जाएँ–(क) जांच/अन्वेषण सेल, जिसमें विशेष रूप से प्रशिक्षित अन्वेषक सभी जांच कार्य संभालें;

   (ख) वीआईपी आवागमन एवं सुरक्षा सेल;

   (ग) नागरिक शिकायत/सेवा सेल, जो नागरिकों से प्राप्त शिकायतों का स्वीकार, रसीद, प्राथमिक प्रति-क्रिया और समयबद्ध निस्तारण संभाले।

   इससे कार्य-विभाजन स्पष्ट होगा, कर्मियों का वस्तु-निष्ठ मूल्यांकन संभव होगा, और नागरिकों को बेहतर सेवा मिलेगी क्योंकि औपचारिक शिकायत दर्ज कराने में निरुत्साहन की प्रवृत्ति समाप्त होगी–यह कार्य समर्पित नागरिक-सेवा सेल द्‌वारा संभाला जाएगा।

2. **सीसीटीवी एवं लाइव फीड का केंद्रीय मॉनिटरिंग:** सभी थानों में कार्यशील सीसीटीवी कैमरे अनिवार्य रूप से स्थापित हों और उनकी लाइव फीड 24×7 केंद्रीय/

राज्य मुख्यालय के मॉनिटरिंग कक्ष तक स्ट्रीम की जाए। लाइव वीडियो फीड उपलब्ध न होने के लिए कोई बहाना स्वीकार्य न हो; अपटाइम, रख-रखाव और तत्पर सुधार हेतु स्पष्ट एसएलए/जवाबदेही तय की जाए।

सभी अधिकारियों के नागरिकों के साथ होने वाले संवाद के दौरान बॉडी कैमरा (Body Cam) पहनना अनिवार्य किया जाए। इसमें ट्रैफिक जांच और चालान प्रक्रिया, गिरफ़्तारी, आदि सभी कार्यवाही शामिल हों। संपूर्ण प्रक्रिया अधिकारी के बॉडी कैमरा पर रिकॉर्ड की जानी चाहिए।

किसी भी मामले से संबंधित बयान या घटनाक्रम को बॉडी कैमरा वीडियो के आधार पर सत्यापित (verified) किया जाना चाहिए।

सादर,

नाम: दिनांक:

फोन नंबर एव पता:

विषय: पुलिस सुधार (Police Reforms) - नागरिक एवं पुलिस के बीच विश्वास और सहयोग (Public-Police Trust) बढ़ाने हेतु सुझाव।

माननीय महोदय/महोदया,

कानून व्यवस्था बनाए रखने में पुलिस की भूमिका जितनी आवश्यक है, उतनी ही आवश्यक है जनता और पुलिस के बीच विश्वास (trust) और सम्मानजनक संवाद (respectful interaction) का वातावरण। कई बार नागरिकों और पुलिस के बीच गलतफहमी, भय या अविश्वास के कारण सहयोग की भावना कमजोर पड़ जाती है।

यह न केवल समाज के लिए हानिकारक है, बल्कि पुलिस के कार्यक्षमता और छवि दोनों पर नकारात्मक प्रभाव डालता है।

नागरिक-पुलिस संबंधों को अधिक पारदर्शी, सम्मानजनक और सहयोगात्मक बनाने हेतु निम्नलिखित सुधार लागू किए जा सकते हैं –

1. **पुलिस-जन संवाद दिशा-निर्देश (Police-Public Interaction Guidelines) का प्रकाशन और ऑन-लाइन उपलब्धता:**

   सरकार को विस्तृत रूप से तैयार किए गए पुलिस-जन संवाद दिशा-निर्देश (guidelines) जारी करने

चाहिए, ताकि नागरिकों और पुलिसकर्मियों दोनों को यह स्पष्ट रूप से ज्ञात हो कि उनके अधिकार और कर्तव्य (rights & responsibilities) क्या हैं।

इन दिशा-निर्देशों में निम्नलिखित बिंदु शामिल होने चाहिए –

- नागरिकों से व्यवहार के दौरान पुलिस कर्मियों द्वारा अपनाई जाने वाली शालीनता और मर्यादा (code of conduct)।
- पुलिस कर्मी नागरिकों से निजी लाभ (personal benefit) या छूट (discount) नहीं मांग सकते।

  उदाहरण के लिए – यह स्पष्ट रूप से बताया जाए कि कोई भी पुलिसकर्मी किसी दुकान या प्रतिष्ठान से "अधिकतम कितनी छूट" मांग सकता है या नहीं मांग सकता।
- पुलिस कर्मियों के लिए यह अनिवार्य (mandatory) किया जाए कि वे नागरिकों से प्राप्त वस्तुओं या सेवाओं का पूरा भुगतान (full payment) करें।
- पुलिस कर्मी किसी नागरिक के व्यापार, दुकान, या वाहन को "अनधिकृत" या "लाइ-सेंसहीन" बताकर अनुचित रूप से परेशान न

करें, जब तक कि उसके लिए वैधानिक प्रमाण या कारण मौजूद न हो।

इन दिशा-निर्देशों को –

- सार्वजनिक रूप से ऑनलाइन पोर्टल पर प्रकाशित किया जाए,
- और थानों के सूचना बोर्डों पर प्रदर्शित (displayed) किया जाए।

इससे नागरिकों में विश्वास और सुरक्षा की भावना बढ़ेगी तथा पुलिस बल की छवि एक जिम्मेदार और नागरिक-हितैषी संस्था के रूप में स्थापित होगी।

2. **पुलिस थानों में स्वयंसेवक डेस्क (Volunteers' Desk) की स्थापना:**

   प्रत्येक पुलिस थाने में एक "स्वयंसेवक डेस्क (Volunteers' Desk)" स्थापित किया जाए।

   - इसमें प्रशिक्षित नागरिक स्वयंसेवक (trained volunteers) प्रतिदिन या निर्धारित समय पर उपस्थित रहें।
   - ये स्वयंसेवक थाने आने वाले नागरिकों को मार्गदर्शन (guidance) दें,

जैसे – शिकायत कैसे दर्ज करनी है, कौन से दस्तावेज आवश्यक हैं, या किस अधिकारी से संपर्क करना है।

- स्वयंसेवक थाने के कार्यों पर सामान्य पर्यवेक्षण (general monitoring) भी करें और अपने फीडबैक (feedback) जिला या राज्य स्तर पर प्रस्तुत करें।

यह व्यवस्था नागरिकों को सहज और सम्मानजनक अनुभव प्रदान करेगी तथा पुलिस और जनता के बीच संचार एवं सहयोग (communication & cooperation) को बढ़ाएगी।

इन सुधारों से पुलिस प्रणाली अधिक जन-उन्मुख (people-oriented) और विश्वसनीय (trustworthy) बनेगी। नागरिकों का भय घटेगा, पुलिस की सामाजिक छवि सुदृढ़ होगी, और दोनों के बीच सम्मान और सहयोग पर आधारित संबंध स्थापित होंगे – जो किसी भी लोकतांत्रिक समाज की असली ताकत है।

सादर,

नाम: दिनांक:

फोन नंबर एव पता:

विषय: पुलिस सुधार (Police Reforms) - पुलिस भर्ती एवं कैडर संरचना में अनुभव और सेवा का बेहतर उपयोग सुनिश्चित करने हेतु सुझाव।

माननीय महोदय/महोदया,

देश की सुरक्षा व्यवस्था और कानून-व्यवस्था को सुदृढ़ बनाए रखने के लिए पुलिस बल में अनुभवी, प्रशिक्षित और प्रेरित अधिकारियों की उपस्थिति अत्यंत आवश्यक है।

वर्तमान में निचले स्तर से उच्च पदों तक पदोन्नति की प्रक्रिया सीमित और धीमी होने के कारण अनेक सक्षम अधिकारी अपने अनुभव और दक्षता का पूर्ण उपयोग नहीं कर पाते।

साथ ही, होमगार्ड्स जैसे सहयोगी बलों की सेवाओं का भी पर्याप्त संस्थागत लाभ नहीं लिया जा रहा।

इन दोनों क्षेत्रों में सुधार हेतु निम्नलिखित सुझाव प्रस्तुत हैं –

1. **अधिक अधिकारियों को भारतीय पुलिस सेवा (IPS) में पदोन्नति का अवसर दिया जाए:**

   वर्तमान में राज्य पुलिस सेवा (State Police Service) के अधिकारियों को IPS कैडर में पदोन्नति (promotion to IPS ranks) के अवसर सीमित हैं।

इससे न केवल अधिकारियों का मनोबल प्रभावित होता है, बल्कि सरकार के पास अनुभवी नेतृत्व (experienced leadership) की कमी भी बनी रहती है।

अतः सुझाव है कि –

- IPS पदों की संख्या में वास्तविक आवश्यकता के अनुसार वृद्धि (rational increase) की जाए।
- योग्य और वरिष्ठ राज्य पुलिस अधिकारियों को तेज़तर पदोन्नति प्रक्रिया (fast-track promotion process) के माध्यम से IPS में शामिल किया जाए। इससे सरकार को अधिक अनुभवी, प्रशिक्षित और व्यावहारिक ज्ञान रखने वाले अधिकारी निर्णय लेने और कानून व्यवस्था के संचालन में सहायता कर सकेंगे।

2. होमगार्ड्स की सेवाओं को पुलिस भर्ती में शामिल करने का प्रावधान:

होमगार्ड्स लंबे समय से पुलिस और प्रशासन का महत्वपूर्ण सहायक बल (support force) रहे हैं।

त्योहारों, आपदाओं, यातायात नियंत्रण, और जन-सेवा के अवसरों पर उन्होंने अनुशासन, निष्ठा और सेवा-भाव से कार्य किया है।

इसलिए यह आवश्यक है कि उनके समर्पण और अनुभव को संस्थागत रूप से सम्मान मिले।

इसके लिए –

- जो होमगार्ड्स निर्धारित वर्षों (जैसे 5-7 वर्ष) तक ईमानदारी और अनुशासन के साथ सेवा कर चुके हों, उन्हें सिपाही (Constable) के पद पर सीधी भर्ती (direct induction) का अवसर दिया जाए।

यह कदम –

- मेहनत और ईमानदारी का सम्मान सुनिश्चित करेगा,
- पुलिस बल को पहले से प्रशिक्षित और अनुशासित कर्मी प्राप्त होंगे,
- और नागरिक सुरक्षा प्रणाली अधिक स्थिर और अनुभवी जनबल (experienced manpower) से सशक्त बनेगी।

इन दोनों सुधारों से पुलिस संगठन में अनुभव, निष्ठा और पारदर्शिता को बढ़ावा मिलेगा।

एक ओर सरकार को अधिक सक्षम नेतृत्व प्राप्त होगा, तो दूसरी ओर प्रशिक्षित और समर्पित बल की संख्या में वृद्धि होगी – जिससे देश की कानून व्यवस्था, आंतरिक सुरक्षा और जनविश्वास तीनों मजबूत होंगे।

सादर,

नाम: दिनांक:

फोन नंबर एव पता:

कानूनी विषयों से संबंधित

न्याय व्यवस्था (Legal System) किसी भी लोकतांत्रिक राष्ट्र की रीढ़ (Backbone) होती है। यह न केवल शासन की निष्पक्षता और समाज में संतुलन का आधार है, बल्कि नागरिकों के अधिकारों की रक्षा करने वाला उसका सबसे बड़ा सहारा भी है।

न्यायालय और न्यायिक संस्थाएँ यह सुनिश्चित करती हैं कि समाज में कानून का शासन (Rule of Law) सर्वोच्च रहे और कोई भी व्यक्ति या संस्था नागरिकों के अधिकारों का हनन न कर सके।

इसलिए यह अत्यंत आवश्यक है कि न्याय प्रणाली में पारदर्शिता, गति और सुलभता (Transparency, Speed, and Accessibility) सुनिश्चित की जाए।

विषय: कानूनी सुधार (Legal Reforms) - संपत्ति स्वामित्व (Property Ownership) से संबंधित प्रावधानों में सुधार हेतु सुझाव।

माननीय महोदय/महोदया,

संपत्ति का अधिकार (Right to Property) किसी भी आधुनिक और सभ्य समाज की आधारशिला है। यह एक ऐसा मौलिक अधिकार है जिसके बिना व्यक्तिगत स्वतंत्रता और आर्थिक स्थिरता की कल्पना भी नहीं की जा सकती।अ-तः यह आवश्यक है कि किसी भी परिस्थिति में संपत्ति के वैध स्वामी (lawful owner)

को उसकी संपत्ति से बिना उचित मुआवज़े (rightful compensation) के वंचित न किया जा सके।

वर्तमान में कई बार किरायेदारों (tenants) या अन्य कब्जा-धारकों के अधिकारों की रक्षा के नाम पर ऐसी स्थितियाँ उत्पन्न हो जाती हैं जहाँ वास्तविक स्वामी का अधिकार कमजोर हो जाता है – यहाँ तक कि adverse possession जैसी परिस्थितियों में संपत्ति का स्वामित्व बिना मुआवज़े के हस्तांतरित हो जाता है। यह न्यायसंगत नहीं है और समाज में असंतुलन उत्पन्न करता है।

इसलिए, निम्नलिखित सुधार आवश्यक हैं –

1. **संपत्ति स्वामी के अधिकारों की रक्षा:**

   किसी भी स्थिति में संपत्ति के स्वामी को उसकी संपत्ति से वंचित नहीं किया जाना चाहिए जब तक कि उसे उचित बाजार मूल्य (fair market compensation) प्राप्त न हो जाए।

   किरायेदारों या भूमि के अन्य कब्जाधारकों को यदि संपत्ति पर स्वामित्व का वैधानिक अधिकार (legal ownership) दिया जाना हो, तो यह उनके लिए अनिवार्य (mandatory) किया जाए कि वे वर्तमान स्वामी को वर्तमान बाजार मूल्य का भुगतान करें।

2. **मुआवज़ा निर्धारण की पारदर्शी प्रक्रिया:**

   संपत्ति का मूल्य या तो खुले नीलामी (public auction) के माध्यम से निर्धारित किया जाए या किसी अन्य स्वतंत्र मूल्यांकन प्रणाली (independent valuation mechanism) के द्वारा, ताकि दोनों पक्षों – स्वामी और कब्जाधारक – के लिए प्रक्रिया निष्पक्ष और पारदर्शी बनी रहे।

3. **किरायेदारों और स्वामियों दोनों के अधिकारों का संतुलन:**

   यह सुनिश्चित किया जाए कि किरायेदारों के हितों की रक्षा हो, परंतु यह किसी भी स्थिति में संपत्ति के

स्वामी के मौलिक स्वामित्व अधिकार (fundamental ownership right) को समाप्त न करे।

इन सुधारों से नागरिकों में संपत्ति अधिकारों की सुरक्षा, न्याय की भावना और आर्थिक स्थिरता को बल मिलेगा।

साथ ही, यह कदम भारत को एक कानून-सम्मत, न्यायप्रिय और संतुलित समाज की दिशा में आगे बढ़ाएगा।

सादर,

नाम: दिनांक:

फोन नंबर एव पता:

विषय: कानूनी सुधार (Legal Reforms) - जमानत (Bail) प्रक्रिया में पारदर्शिता एवं जवाबदेही सुनिश्चित करने हेतु सुझाव।

माननीय महोदय/महोदया,

भारतीय न्याय प्रणाली में जमानत (Bail) एक अत्यंत महत्वपूर्ण प्रक्रिया है, जो नागरिक की स्वतंत्रता और कानून-व्यवस्था दोनों के बीच संतुलन बनाए रखती है।

किन्तु वर्तमान में जमानत देने या अस्वीकार करने की प्रक्रिया पूर्णतः न्यायाधीश के विवेक (discretion) पर आधारित है, जिसके कारण कई बार अस्पष्टता, असमानता और संभावित पक्षपात के आरोप लगते हैं।

इस प्रक्रिया को अधिक पारदर्शी, वस्तुनिष्ठ (objective) और न्यायसंगत बनाने हेतु निम्नलिखित सुधार किए जा सकते हैं –

1. **जमानत हेतु अंक प्रणाली (Point-Based Bail Evaluation System):**

   वर्तमान में न्यायाधीश अपने अनुभव और व्यक्तिगत विवेक से ही यह निर्णय लेते हैं कि जमानत दी जाए या नहीं।

इस प्रक्रिया को अधिक पारदर्शी और एकरूप (standardized) बनाने के लिए एक अंक प्रणाली (point system) लागू की जानी चाहिए, जिसमें अपराध की प्रकृति, अभियुक्त का पूर्व रिकॉर्ड, जांच में सहयोग, सामाजिक पृष्ठभूमि, और अन्य कारकों के आधार पर अंक दिए जाएँ।

- लगभग 99% मामलों में, यह प्रणाली स्वतः यह निर्धारित कर सके कि जमानत दी जा सकती है या नहीं।
- केवल 1% असाधारण मामलों में, यदि न्यायाधीश उचित कारणों के साथ यह जरूरी समझे कि मामला विशेष है, तभी इस प्रणाली से अलग निर्णय लिया जा सके।

इससे निर्णय प्रक्रिया अधिक वस्तुनिष्ठ, पारदर्शी और जवाबदेह बनेगी।

2. **एंकल ब्रेसलेट (Ankle Bracelet) या इलेक्ट्रॉनिक निगरानी प्रणाली:**

जमानत पर रिहा व्यक्तियों की निगरानी हेतु एंकल ब्रेसलेट या इलेक्ट्रॉनिक ट्रैकिंग उपकरण का उपयोग किया जाए, जैसा कि विकसित देशों में प्रचलित है।

इससे यह सुनिश्चित किया जा सकेगा कि –

- अभियुक्त जमानत की शर्तों का उल्लंघन न करे,
- और वह किसी भी प्रकार की अवैध गतिविधि या अपराध में पुनः संलिप्त न हो।

यह प्रणाली न्यायालयों और पुलिस प्रशासन दोनों के लिए निगरानी को सरल और अधिक प्रभावी बना सकती है।

इन सुधारों के माध्यम से जमानत प्रक्रिया न केवल तेज़ और पारदर्शी बनेगी, बल्कि यह न्याय प्रणाली में नागरिकों का विश्वास और भरोसा भी बढ़ाएगी।

साथ ही, यह कानून और स्वतंत्रता के बीच एक संतुलित, आधुनिक और मानवीय दृष्टिकोण स्थापित करेगी।

सादर,

नाम: दिनांक:

फोन नंबर एव पता:

विषय: भारतीय न्याय संहिता (BNS) की धारा 163 (पूर्व धारा 144 CrPC) से संबंधित सुधार हेतु सुझाव।

माननीय महोदय/महोदया,

भारतीय न्याय संहिता (BNS) की धारा 163, जो पहले दंड प्रक्रिया संहिता (CrPC) की धारा 144 के रूप में जानी जाती थी, प्रशासन को कानून और व्यवस्था बनाए रखने के लिए एक महत्वपूर्ण कानूनी अधिकार प्रदान करती है।

परंतु हाल के वर्षों में इस धारा का अत्यधिक और मनमाना उपयोग देखा गया है, जिससे नागरिक अधिकारों और स्वतंत्रता पर प्रतिकूल प्रभाव पड़ता है।

इस संदर्भ में निम्नलिखित सुधार आवश्यक प्रतीत होते हैं –

1. **धारा 163 लागू करने की स्पष्ट दिशा-निर्देश (Guidelines for Imposition):**

   कई बार प्रशासन बिना किसी ठोस कारण या अनुपालन की मंशा के ही धारा 163 लागू कर देता है।

   सरकार को यह सुनिश्चित करना चाहिए कि इस धारा के उपयोग के लिए स्पष्ट दिशा-निर्देश (guidelines) जारी किए जाएँ।

यदि किसी क्षेत्र में धारा 163 लागू की जाती है, तो –

- इसकी सार्वजनिक घोषणा (public announcements) की जाए,
- बैनर और सूचना पट्ट (display boards) लगाए जाएँ,
- और विद्यालयों, कार्यालयों एवं कॉलेजों को बंद किया जाए।

यदि ऐसा नहीं किया जाता, तो नागरिक पूरी तरह प्रशासन की दया पर निर्भर हो जाते हैं, जिससे मनमाने ढंग से किसी व्यक्ति या समूह पर कार्रवाई की संभावना बढ़ जाती है।

2. लंबी अवधि के लिए धारा 163 लागू करने की अनु-मोदन प्रक्रिया (Approval Process):

यदि धारा 163 को 2 दिनों से अधिक लागू रखना आवश्यक हो, तो इसके लिए जिला न्यायालय (District Court) से अनुमति ली जाए।

इसी प्रकार, यदि यह अवधि 10 दिनों से अधिक बढ़ाई जानी हो, तो उच्च न्यायालय (High Court) से अनुमोदन प्राप्त किया जाए।

चूँकि धारा 163 नागरिकों के अधिकारों को सीमित करती है, अतः नागरिकों को इसके विरुद्ध अर्जी

(petition) दाखिल करने का अधिकार होना चाहिए। न्यायालयों से अनुमोदन की यह प्रक्रिया सुनिश्चित करेगी कि न्यायपालिका नागरिक अधिकारों की संरक्षक (custodian) बनी रहे और इस धारा का उपयोग केवल आवश्यक परिस्थितियों में ही किया जाए।

इन सुधारों से प्रशासन को अपनी जिम्मेदारियों का निर्वहन करने का पर्याप्त अधिकार मिलेगा, साथ ही नागरिकों के संवैधानिक अधिकारों और स्वतंत्रता की रक्षा भी सुनिश्चित होगी।

सादर,

नाम: दिनांक:

फोन नंबर एव पता:

नियुक्ति प्रक्रिया से संबंधित

भर्ती प्रक्रिया (Recruitment Process) किसी भी राष्ट्र की प्रशासनिक, सामाजिक और आर्थिक प्रगति की आधारशिला होती है। एक पारदर्शी और निष्पक्ष भर्ती व्यवस्था (Transparent and Fair Recruitment System) न केवल नागरिकों के लिए उनके कार्य के अधिकार (Right to Work) को सुनिश्चित करती है, बल्कि देश और समाज के लिए उपलब्ध सर्वश्रेष्ठ प्रतिभा (Best Talent) के उपयोग का मार्ग भी प्रशस्त करती है – जो राष्ट्र के विकास और समृद्धि के लिए अनिवार्य है।

जब चयन प्रक्रिया निष्पक्ष होती है, तो नागरिकों में विश्वास और प्रेरणा बढ़ती है, और समाज में यह भावना स्थापित होती है कि मेहनत और योग्यता का उचित मूल्य मिलता है।

इसके साथ ही यह भी आवश्यक है कि जो उम्मीदवार किसी प्रतियोगी परीक्षा या चयन प्रक्रिया में सफल नहीं हो पाते, उन्हें विकल्पिक मार्ग (Alternative Pathways) उपलब्ध कराए जाएँ – ताकि उनके कौशल और प्रयास व्यर्थ न जाएँ, और वे अपनी योग्यता के अनुसार उपयुक्त रोजगार प्राप्त कर सकें।

निम्नलिखित पत्रों में मैंने सरकार की वर्तमान भर्ती प्रक्रियाओं में संभावित सुधारों के लिए निवेदन किया है।

विषय: भर्ती प्रक्रिया (Recruitments) में पारदर्शिता और दक्षता बढ़ाने हेतु सुधार संबंधी सुझाव।

माननीय महोदय/महोदया,

वर्तमान समय में सरकारी एवं सार्वजनिक संस्थानों की भर्ती प्रक्रियाएँ अनेक परीक्षाओं और साक्षात्कारों के कारण जटिल, समयसाध्य और अपारदर्शी हो गई हैं। इससे न केवल उम्मीदवारों पर आर्थिक और मानसिक दबाव बढ़ता है, बल्कि प्रशासनिक स्तर पर भी अतिरिक्त संसाधनों का व्यय होता है।

इस प्रणाली को सरल, पारदर्शी और केंद्रीकृत बनाने हेतु निम्नलिखित सुझाव प्रस्तुत हैं –

1. **केंद्रीकृत परीक्षा प्रणाली (Centralized Examination System):**

   भर्ती के लिए आयोजित अनेक परीक्षाओं को एक केंद्रीकृत परीक्षा प्रणाली के माध्यम से संचालित किया जा सकता है, जैसे NEET मॉडल।

   इसी प्रकार, यह प्रणाली राज्य स्तरीय प्रशासनिक परीक्षाओं (PCS) सहित अन्य भर्ती परीक्षाओं को भी प्रतिस्थापित कर सकती है।

2. **राज्य चयन बोर्ड की भूमिका:**

   प्रत्येक राज्य का राज्य चयन आयोग सभी प्रकार की भर्तियों का एकमात्र संपर्क बिंदु (single point of contact) बने।

   बोर्ड को चयन प्रक्रिया के लिए स्वयं परीक्षाएँ आयोजित करने से बचना चाहिए और इसके स्थान पर संघ लोक सेवा आयोग (UPSC) द्‌वारा आयोजित समकक्ष परीक्षाओं – जैसे सिविल सेवा परीक्षा (Civil Services), भारतीय अभियांत्रिकी सेवा (IES) आदि – के अंकों का उपयोग करना चाहिए।

3. **साक्षात्कार (Interview) प्रक्रिया (यदि चयन हेतु आवश्यक हो):**

   साक्षात्कार के लिए केवल 1.25 गुना उम्मीदवारों को ही आमंत्रित किया जाए।

साक्षात्कार प्रक्रिया की वीडियो रिकॉर्डिंग अनिवार्य की जाए, और साक्षात्कार अंक उसी रिकॉर्डिंग के आधार पर चयन समिति द्‌वारा प्रदान किए जाएँ।

इससे समिति को प्रश्नों की जटिलता और उम्मीदवारों के उत्तरों का निष्पक्ष और वस्तुनिष्ठ मूल्यांकन करने में सुविधा होगी।

इन सुधारों से भर्ती प्रक्रिया अधिक तेज़, निष्पक्ष, पारदर्शी और तकनीकी रूप से सक्षम बन सकेगी, जिससे न केवल

उम्मीदवारों में विश्वास बढ़ेगा बल्कि प्रशासनिक कार्यकुशलता में भी उल्लेखनीय वृद्धि होगी।

सादर,

नाम: दिनांक:

फोन नंबर एव पता:

विषय: साक्षात्कार प्रक्रिया में सुधार (Interview Process Reforms) हेतु सुझाव।

माननीय महोदय/महोदया,

वर्तमान में विभिन्न विभागों एवं संस्थानों में भर्ती के दौरान साक्षात्कार (Interview) प्रक्रिया को अत्यधिक महत्व दिया जाता है, जिससे चयन प्रक्रिया में विषयगतता (subjectivity) और पारदर्शिता की कमी के आरोप लगते रहते हैं।

भर्ती प्रक्रिया को अधिक निष्पक्ष, पारदर्शी और उपलब्धियों पर आधारित बनाने के लिए निम्नलिखित सुधार लागू किए जा सकते हैं –

1. **साक्षात्कार को सीमित वज़न देना (Less Weightage to Interview):**

   साक्षात्कार के अंकों का भारांक (weightage) कम रखा जाए ताकि चयन प्रक्रिया मुख्यतः लिखित परीक्षा, योग्यता और अनुभव पर आधारित रहे।

2. **साक्षात्कार उपलब्धियों पर आधारित हो (Interview Based on Accomplishments):**

   साक्षात्कार में उम्मीदवारों से काल्पनिक या सैद्धांतिक प्रश्न (hypothetical questions) पूछने के बजाय, उनके शैक्षणिक कार्य, अनुभव, एवं उपलब्धियों पर चर्चा की जाए।

इससे यह मूल्यांकन किया जा सकेगा कि उम्मीदवार ने अपने क्षेत्र में वास्तव में कितना योगदान और समझ विकसित की है।

3. **साक्षात्कार की रिकॉर्डिंग (Recording of Interview):**

   सभी साक्षात्कारों की वीडियो रिकॉर्डिंग अनिवार्य की जाए।

   साक्षात्कार के अंक एक मूल्यांकन समिति (Evaluation Committee) द्वारा उसी रिकॉर्डिंग के आधार पर दिए जाएँ।

   यह प्रणाली प्रक्रिया को अधिक पारदर्शी और वस्तु-निष्ठ (objective) बनाएगी।

4. **पुनरीक्षण (Review) की व्यवस्था:**

   यदि किसी उम्मीदवार को साक्षात्कार के अंक पर आपत्ति हो, तो वह पुनरीक्षण समिति (Review Committee) से पुनर्मूल्यांकन का अनुरोध कर सके।

   यह व्यवस्था उम्मीदवारों में विश्वास और पारदर्शिता की भावना को सशक्त करेगी।

इन सुधारों के माध्यम से साक्षात्कार प्रक्रिया को निष्पक्ष, तथ्य-आधारित और जवाबदेह (accountable) बनाया जा

सकेगा। इससे योग्य उम्मीदवारों को अवसर मिलेगा और भर्ती प्रणाली की विश्वसनीयता में भी अभूतपूर्व सुधार होगा।

सादर,

नाम: दिनांक:

फोन नंबर एव पता:

चुनाव से संबंधित

निर्वाचन प्रक्रिया (Election Process) किसी भी लोकतांत्रिक राष्ट्र की आत्मा (Soul of Democracy) होती है। यही वह माध्यम है जिसके द्वारा नागरिक शासन में अपनी भागीदारी सुनिश्चित करते हैं और यह तय करते हैं कि देश का नेतृत्व किन हाथों में होगा।

इसलिए यह अत्यंत आवश्यक है कि नागरिकों को योग्य, ईमानदार और सक्षम उम्मीदवारों में से चयन करने का वास्तविक अवसर मिले। इसके लिए केवल निर्वाचन आयोग ही नहीं, बल्कि राजनीतिक दलों (Political Parties) की भी यह जिम्मेदारी बनती है कि वे अपने प्रत्याशियों के चयन में पारदर्शी, निष्पक्ष और योग्यता-आधारित प्रक्रिया (Fair, Transparent and Merit-Based Process) अपनाएँ।

निम्नलिखित पत्र में मैंने राजनीतिक दलों द्वारा उम्मीदवार चयन प्रक्रिया में आवश्यक सुधारों के लिए निवेदन किया है।

विषय: चुनाव सुधार (Election Reforms) - उम्मीदवार चयन प्रक्रिया एवं आरक्षण नीति में पारदर्शिता हेतु सुझाव।

माननीय महोदय/महोदया,

लोकतांत्रिक प्रणाली की सफलता केवल मतदान तक सीमित नहीं होती, बल्कि यह इस बात पर भी निर्भर करती है कि उम्मीदवारों का चयन और चुनाव प्रक्रिया कितनी पारदर्शी, निष्पक्ष और न्यायपूर्ण है। वर्तमान व्यवस्था में कुछ गंभीर सुधारों की आवश्यकता महसूस होती है।

इस संदर्भ में निम्नलिखित सुझाव प्रस्तुत हैं –

1. **राजनीतिक दलों में टिकट वितरण की पारदर्शिता:**

   वर्तमान में अधिकांश राजनीतिक दलों द्वारा उम्मीदवारों के चयन की प्रक्रिया पूरी तरह अपारदर्शी है। इसका परिणाम यह होता है कि चयन में पक्षपात, भाई-भतीजावाद, और धनबल के आरोप लगना आम बात सा हो गया है।

   इस स्थिति को सुधारने के लिए यह आवश्यक है कि उम्मीदवारों का चयन –

   - या तो पार्टी सदस्यों के मतदान (internal party elections) के माध्यम से किया जाए, जैसा कि कई विकसित लोकतंत्रों में प्रचलित है,

- अथवा किसी अन्य स्पष्ट और पारदर्शी मानक प्रक्रिया के माध्यम से।

लोकतंत्र की साख बनाए रखने के लिए टिकट वितरण की यह प्रक्रिया तत्काल पारदर्शी बनाई जानी चाहिए।

2. **आरक्षित निर्वाचन क्षेत्रों (Reserved Constituencies) की रोटेशन नीति:**

देखा गया है कि कई निर्वाचन क्षेत्र लगातार कई चुनावों तक आरक्षित (Reserved) बने रहते हैं। इससे आरक्षण का लाभ सीमित क्षेत्रों तक ही सिमट जाता है और अन्य क्षेत्रों को लंबे समय तक इसका लाभ नहीं मिल पाता। साथ ही, नागरिकों को विविध पृष्ठभूमियों के प्रतिनिधियों को चुनने का अवसर भी नहीं मिल पाता।

इस स्थिति में सुधार के लिए, निर्वाचन क्षेत्र प्रत्येक चुनाव से पहले रैंडम ड्रॉ (Random Draw) के माध्यम से आरक्षित किए जाएँ, ताकि आरक्षण का लाभ समान रूप से वितरित हो सके।

इन दोनों सुधारों से चुनाव प्रक्रिया में पारदर्शिता, समानता और विश्वास की भावना मजबूत होगी तथा लोकतंत्र की जड़ें और अधिक सुदृढ़ होंगी।

सादर,

नाम: दिनांक:

फोन नंबर एव पता:

परिशिष्ट - सुधारों से संबंधित पत्रों का प्रारूप (Template)

नागरिक होने के नाते ज़रूरी है कि हमारा सरकार से संवाद बना रहे। हम अपनी बात चुने हुए जनप्रतिनिधियों के ज़रिए रख सकते हैं, लेकिन सिर्फ़ उसी पर निर्भर रहना पर्याप्त नहीं है। एक और अच्छा तरीका है – सरकार को सीधे पत्र लिखना। इन पत्रों के ज़रिए हम अपनी समस्याएँ, उनके समाधान के सुझाव, या सरकार के अच्छे कामों के लिए धन्यवाद - सब कुछ साझा कर सकते हैं।

नीचे कुछ ऐसे पत्र हैं जो मैंने पहले लिखे हैं। इन्हें देखकर आप अपने पत्र का प्रारूप या उदाहरण की तरह उपयोग कर सकते हैं।

विषय: यूपीसीडा (पूर्व में यूपीएसआईडीसी) की ग़ाज़िया-बाद स्थित औद्योगिक भूमि को फ्रीहोल्ड में परिवर्तित कर राजस्व सृजन एवं शहरी विकास हेतु सुधार संबंधी सुझाव।

माननीय महोदय/महोदया,

यह उल्लेखनीय है कि अन्य विकास प्राधिकरणों (जैसे डी.डी-.ए. और जी.डी.ए.) ने भी लीज़ होल्ड भूखंडों को फ्रीहोल्ड में रूपांतरित करने का सफल प्रयोग किया था, जिसे नागरिकों ने व्यापक सराहना दी। इसी प्रकार यूपीसीडा - ग़ाज़ियाबाद में भी फ्रीहोल्ड रूपांतरण से निम्न लाभ प्राप्त हो सकते हैं:

लाभ

1. **प्रदूषण एवं यातायात नियंत्रण**
    - 20-30 वर्ष पूर्व स्वीकृत अनेक उद्योग अब शहर के मध्य क्षेत्र में प्रदूषण और भारी यातायात के कारण अनुपयुक्त हैं।
    - इनके पुनः स्थानांतरण से वायु गुणवत्ता और यातायात व्यवस्था में सुधार होगा।
2. **आवासीय विकास की संभावना**
    - ग़ाज़ियाबाद को हज़ारों एकड़ भूमि उपलब्ध होगी, जिससे बढ़ती जनसंख्या की आवासीय आवश्यकताओं की पूर्ति हो सकेगी।

3. **यूपीसीडा का पुनः फोकस**

- औद्योगिक क्षेत्रों के रख-रखाव में संसाधन खर्च करने के स्थान पर संस्था नए औद्योगिक क्षेत्रों के विकास पर ध्यान केंद्रित कर सकेगी।

4. **निवेश आकर्षण एवं उद्यमिता**

- फ्रीहोल्ड भूखंडों से निवेशकों का विश्वास बढ़ेगा और नए उद्यमियों को किराये पर भूखंड/भवन उपलब्ध होंगे।
- इससे पूंजीगत लागत घटेगी और उद्यमिता को प्रोत्साहन मिलेगा।

5. **दीर्घकालिक लाभ**

- भविष्य में भूमि की खरीद-बिक्री, किराया अनुबंध पंजीकरण और उपयोग परिवर्तन शुल्क से निरंतर राजस्व वृद्धि होगी।

6. **प्रत्यक्ष सरकारी राजस्व सृजन**

- फ्रीहोल्ड रूपांतरण से कन्वर्ज़न शुल्क के रूप में सरकार को ₹4,500 करोड़ से लेकर ₹2,700 करोड़ तक का प्रत्यक्ष राजस्व प्राप्त हो सकता है।

राजस्व एवं आर्थिक लाभ की गणना

भूमि विवरण (ग़ाज़ियाबाद UPSIDC):

कुल अधिग्रहीत भूमि: 2,654.42 एकड़

- औसत दर: ₹50,000 प्रति वर्ग मीटर
- कुल भूमि मूल्य: ₹53,710 करोड़
- यदि 85% भूमि विकसित मानी जाए: ₹45,600 करोड़

कन्वर्ज़न शुल्क (10% DDA मानक अनुसार):

- ₹4,500 करोड़ @ ₹50,000/वर्ग मीटर
- ₹2,700 करोड़ @ ₹30,000/वर्ग मीटर

अतिरिक्त राजस्व:

- कन्वर्ज़न प्रक्रिया पर स्टांप शुल्क
- फ्रीहोल्ड पश्चात वार्षिक रख-रखाव शुल्क (0.2% भूमि मूल्य):
    - ₹90 करोड़/वर्ष (@ ₹50,000/वर्ग मीटर)
    - ₹54 करोड़/वर्ष (@ ₹30,000/वर्ग मीटर)
- उपयोग परिवर्तन शुल्क (औद्योगिक से गैर-औद्योगिक में बदलाव हेतु)

निष्कर्ष

मान्यवर, ग़ाज़ियाबाद स्थित यूपीसीडा की औद्योगिक भूमि का फ्रीहोल्ड रूपांतरण:

- प्रदेश सरकार को तत्काल हज़ारों करोड़ रुपये का प्रत्यक्ष राजस्व देगा,
- वार्षिक स्थायी आय सुनिश्चित करेगा,
- और ग़ाज़ियाबाद के शहरी विकास, पर्यावरण सुधार तथा औद्योगिक पुनर्गठन में दीर्घकालिक सकारात्मक परिवर्तन लाएगा।

अतः आपसे विनम्र निवेदन है कि इस सुधारात्मक कदम पर विचार कर प्रदेश की अर्थव्यवस्था एवं शहरी प्रबंधन को सुदृढ़ करने की दिशा में आवश्यक निर्णय लेने की कृपा करें।

सादर,

नाम: दिनांक:

फोन नंबर एव पता:

विषय: उत्तर प्रदेश में विद्युत वितरण में प्रतिस्पर्धा बढ़ाने एवं सुधार संबंधी सुझाव।

माननीय महोदय/महोदया,

उत्तर प्रदेश पावर कॉर्पोरेशन लिमिटेड (UPPCL) और वर्तमान विद्युत वितरण कंपनियाँ भले ही प्रदेश की ऊर्जा आवश्यकताओं को पूरा करने का प्रयास कर रही हों, किंतु केवल इन कंपनियों के भरोसे विकसित उत्तर प्रदेश, विकसित राष्ट्र का लक्ष्य प्राप्त करना कठिन प्रतीत होता है। इस अक्षमता का मूल कारण कंपनियों की प्रकृति नहीं, बल्कि एकाधिकार (Monopoly) है। चाहे निजी हो या सरकारी, कोई भी कंपनी यदि एकाधिकार में कार्य करेगी तो दीर्घकालिक रूप से सेवा की गुणवत्ता में गिरावट तय है।

समस्या

1. एकाधिकार का दुष्परिणाम - उपभोक्ताओं के पास विकल्प न होने के कारण सेवाओं की गुणवत्ता और दक्षता में सुधार नहीं हो पाता।

2. निजीकरण की सीमाएँ - केवल निजीकरण करना समाधान नहीं है। इससे अव्यवस्था बढ़ सकती है और सरकार के प्रति असंतोष भी।

3. निवेश और नवाचार की कमी - प्रतिस्पर्धा के अभाव में कंपनियाँ निवेश और नवाचार के लिए प्रेरित नहीं होतीं।

सुझाव

1. प्रतिस्पर्धा का प्रावधान

    - मौजूदा कंपनियाँ जारी रहें, किंतु विद्युत वितरण क्षेत्र में निजी कंपनियों का प्रवेश आसान बनाया जाए।
    - हर उपभोक्ता को कम से कम दो विकल्प उपलब्ध हों।

2. वितरण सर्किल का विभाजन

    - वर्तमान में बड़े वितरण सर्किल को छोटा किया जाए।
    - एक ही जिले में कई छोटे वितरक कार्यरत हों, ताकि प्रतिस्पर्धा बनी रहे और उपभोक्ता को बेहतर सेवा मिले।

3. समान अवसर का निर्माण

    - सरकार द्वारा दी जाने वाली सब्सिडी को सीधे उपभोक्ताओं के खाते में स्थानांतरित किया जाए।

- इससे सभी वितरण कंपनियों के लिए समान स्तर का मैदान (level playing field) सु-निश्चित होगा।

निष्कर्ष

मान्यवर,

यदि उत्तर प्रदेश में विद्युत वितरण क्षेत्र को प्रतिस्पर्धा के लिए खोला जाए और उपभोक्ताओं को विकल्प दिए जाएँ, तो -

- सेवाओं की गुणवत्ता और दक्षता में उल्लेखनीय सुधार होगा,
- निवेश और नवाचार को प्रोत्साहन मिलेगा,
- तथा उत्तर प्रदेश ऊर्जा क्षेत्र में आत्मनिर्भर बनकर विकसित राज्य की दिशा में तेज़ी से आगे बढ़ सकेगा।

अतः आपसे विनम्र निवेदन है कि इस विषय पर गंभीरता से विचार कर आवश्यक सुधारात्मक कदम उठाने की कृपा करें।

सादर,

नाम: दिनांक:

फोन नंबर एव पता:

राज्य सरकार एवं केंद्र सरकार को पत्र भेजने हेतु पते

यदि पाठक इस पुस्तक में दिए गए सुझावों से सहमत हों, तो वे संबंधित पत्र को यथावत् उपयोग कर सकते हैं।

राज्य सरकार के लिए:

नीचे दिया गया पता अपने संबंधित राज्य के मुख्यमंत्री को पत्र भेजने हेतु उपयोग किया जा सकता है। आवश्यकतानुसार राज्य का नाम, राजधानी का नाम तथा पिन कोड भरकर, हस्ताक्षर सहित पत्र को नीचे दिए गए पते पर भेजा जा सकता है।

सेवा में,

माननीय मुख्यमंत्री

[राज्य का नाम] सरकार

मुख्यमंत्री कार्यालय / सचिवालय

[राजधानी का नाम] - [पिन कोड]

भारत

केंद्र सरकार के लिए:

नीचे दिया गया पता भारत सरकार के प्रधानमंत्री को पत्र भेजने हेतु उपयोग किया जा सकता है। प्रधानमंत्री कार्यालय (PMO) नागरिकों के लिखित अभ्यावेदन स्वीकार करता है।

सेवा में,

माननीय प्रधानमंत्री

भारत सरकार

प्रधानमंत्री कार्यालय (PMO)

साउथ ब्लॉक, रायसीना हिल

नई दिल्ली - 110011

भारत

www.ingramcontent.com/pod-product-compliance
Lightning Source LLC
La Vergne TN
LVHW090422210926
848480LV00002B/656
9798902697121